J. (Jakob) Barth

Etymologische Studien zum Semitischen Lexikon

Insbesondere zum Hebräischen

J. (Jakob) Barth

Etymologische Studien zum Semitischen Lexikon
Insbesondere zum Hebräischen

ISBN/EAN: 9783744607063

Hergestellt in Europa, USA, Kanada, Australien, Japan

Cover: Foto ©Andreas Hilbeck / pixelio.de

Weitere Bücher finden Sie auf **www.hansebooks.com**

ETYMOLOGISCHE STUDIEN

ZUM

SEMITISCHEN INSBESONDERE ZUM

HEBRÄISCHEN LEXICON

VON

J. BARTH.

Beilage zum Jahresbericht des Berliner Rabbiner-Seminars v. J. 1891—92.

BERLIN.
DRUCK VON H. ITZKOWSKI.
1893.

§ 1. Metathesen.

A) Bekanntlich bieten die Vertreter derselben Wurzel in verschiedenen Idiomen des Semitischen in Folge einer stattgehabten Metathese nicht selten eine verschiedene Reihenfolge der Radicale. Den bereits bekannten Erscheinungen dieser Art mögen die nachfolgenden sich weiter anschliessen; eine Reihe von Fällen, die in andern Theilen dieser Schrift erscheinen, sind hier nicht erwähnt.

Hb. אַבְנֵט „Gurt" erklären Brugsch und Erman als Fremdwort aus dem aegyptischen *bnd* „Binde" (ZDMG 46,110), obgleich dort ein Nomen mit Vorschlags-א und mit der dem hebr. Nomen eignenden speciellen Bedeutung „Gurt" nicht nachgewiesen ist. Ich zweifle sehr daran. Denn das Arabische hat اِطْنَابَة „lederner Bauchgurt"; s. den Vers Tebr. zur Ham. 714, Z. 10 (auch „Sehne des Bogens"). Die Uebereinstimmung in der Bedeutung und in dem sonst nicht häufigen א-Präfix macht mir die Identität beider Nomina sehr wahrscheinlich. Die arabische Form der Wurzel, טנב, ist aber im Semitischen auch sonst noch entwickelt; vgl. das bekannte طُنُب „Zelt-Strick", auch, wie اطنابة, „Band am Winkel der Bogensehne", = syr. ܠܡܘܢܨܐ „Zeltstricke".

Das aram. בצר, صِوَ „wenig sein", בציר „gering, wenig" entspricht dem ar. Stamm بَرَض „wenig, gering sein"[1]); بُرَاض, بَرِض „weniges" (Wasser); بَارِض „unbedeutend, schwach" vom Keim einer Pflanze Lebîd ed. Hub. n. 39, 51, Kâmil 86, 7, als Gegensatz zur entfalteten Pflanze (جميم) Lebîd 98, 3 Châl.; مُبْرِض, بَرِض

---

[1]) Das ungewöhnlichere Lautverhältniss ض = ز ist mehrfach neben Labialen belegbar. Vgl. die von Nöldeke ZDMG 82, 406 angeführten Wurzeln مزم, زمغ, دصغ, صغو, سصغ, deren ز = ض, ist neben wenigeren Fällen ohne Labial. Vgl. auch Lagarde, Semitica I, 27.

„einer der sein Vermögen klein macht, verthut". Im Hebr. wird diesem Stamm בָּצְרָה und בַּצֹּרֶת „Hungerzeit" angehören[1]), eigentlich „das Schwach-, Geringsein" (vom Ertrag); die intransitive Nominalform wie in בְּלָהָה, יַבָּשָׁה u. s. w. (Nominalbildung § 93, αβ).

Obgleich בִּקְעָה, بَقْعَة „Ebene" (wie auch مَحَلّ) gleiche Lautfolge aufweisen, entspricht doch dem hb. בקע, syr. ܒܩܥ „spalten" im Arab. kein Verbalstamm בקע sondern بعق „spalten". Dieses Letztere bezeichnet z. B. das Aufschlitzen der Brust (des Kamels), wie der hebr. Stamm das Aufschlitzen des Leibs Am. 1, 13. انبعق „sich spalten" (Wolke durch den Regenerguss) Kâmil 240, 16; 250, 16, wie נבקעו מעינות Gen. 7, 11; Spr. 3, 20. Falls also בִּקְעָה aus diesem Stamm hervorgegangen sein sollte, müsste er sich im Arab. gespalten haben und nur beim Nomen in seiner ursprünglichen Form verblieben sein.

בָּרֹד „scheckig" (v. Thieren) hängt nicht mit בָּרָד „Hagel" zusammen (Kim., Ges. s. v.), sondern ist = أَرْبَد „schwarz mit rothen Punkten durchzogen" (Ǵ, Mṣb. bei Lane). — Umgekehrt entspricht hb. מַרְבַדִּים „kostbare Teppiche" Spr. 7, 16; 31, 22 dem bekannten ar. بُرْدَة, dem teppichartigen Ueberwurf um den Körper (s. seine Beschreibung bei Lane s. v.). — Das assyr. *ga-du* (schon in den Amarna-Tafeln) „neben, bei" (z. B. Assurban. III, 131; IV, 97); „bis" (Nebk. X, 3) ist zu aeth. ገበ „neben, bei" (Dillm. lex. 1224) zu stellen. — Hb. גֶּשֶׁם, welches von Dietr., hebr. Wortf. 106, Ges. lex., Fleischer (mündlich) aus einem angenommenen Grundstamm גשם „dicht, massig sein" zusammen mit ܓܘܫܡܐ = جِسْم, „Körper" hergeleitet wurde, hat mit diesem Nichts zu thun. Es gehört vielmehr zu ar. سَجَم „vergoss" (Wasser, von d. Wolke; Thränen, vom Auge, Ṭarafa 11, 9; Muʿ. Lebîd 40; Ḥansâ 81, 8; 82, 10; Tebr. 579, Z. 3; JHiš. 109, 6 v. u.) u. A. سَاجِم auch intrans. „fliessend" Ḥansâ 82, 3 (Ham. 709, 3). Bedürfte es noch eines Beweises, so lieferte ihn أَرْض مَسْجُوم „beregnetes Land" (Ǵ). — Aram. ܕܡܟ, targ. auch רמוך „schlafen"

---

[1]) Wurzelhaft verschieden von בָּצוּר „hoch, unzugänglich", wozu לֹא יִבָּצֵר מִן gehört, sowie von בָּצִיר „Lese".

verbindet sich mit aeth. ደክመ „müde, schlaff, matt sein"¹). — Syr. ܥܛܢܐ „dichter Rauch" (gut belegt bei PSm. 1587, während ܥܛܢܐ das. 1183 von BA und BB bezeugt, aber nur schwach belegt ist) ist ar. بُخَار, „Rauch, Dunst", wie denn die Glossatoren das syr. Wort mit بُخَار نُخَانِي umschreiben. — Der Stamm חלה „schmuck sein", woher hb. חֲלִי = حَلْي „Schmuck", auch syr. ܚܠܕ „schmückte" ist im Aeth. durch ሠነየ „schön sein" vertreten (wie das arab. يَحْلَى بِالعَيْن „es ist gefällig, hübsch";²) vgl. ተሠነየ „sich schmücken"; חָלָה „er schmeichelte, begütigte" ist übrigens in der Bedeutung dem arab. حَالَى „schmeichelte" gleich.

Ein Stamm *halâpu* „decken" ist im Assyr. durch *hitlupatu, nahlaptu* „Gewand", *uhallip* „ich deckte" (Thürflügel mit Bronce ZA. II, 126, col. I, 25, Häute über d. Mauern Assurn. I, 92) u. v. A. gesichert; vgl. hierüber Lotz Tigl. Pil. 156. Sargon Bronce-Inschr. 16 steht in derselben Phrase *lâbiš namurrati* „sich mit Glanz bekleidend", wo Cyl. 7 *hâlip namurrati* steht. Mit diesem Stamm ist hb. חֲלִיפוֹת eine Art Gewänder von Delitzsch, Ass. Stud. 112, Schrader KAT² 153 bereits verglichen. Ob auch וַיְחַלֵּף שִׂמְלֹתָיו Gen. 41, 14; 2 Sam. 12, 20 hierhergehört, wage ich nicht zu entscheiden. Wohl aber ist das arab. لِحَاف „Obergewand" Ham. 750, 1; Tab. I, 1262, 9 [auch مِلْحَفَة dass.], لَحَفَ und أَلْحَفَ „umkleidete, bedeckte", s. Ṭarafa 5, 44, hierherzuziehen. Dem selteneren Lautverhältniss assyr. $\d{h} = ح$ werden wir unten noch § 20 begegnen.

Dem Wort für „Zauber" syr. ܚܪܫܐ = aeth. ሐርዐ = hb. חרש Jes. 3, 3 muss ar. سَخَر zur Seite gestellt werden, wo der Sibilaut vom Schlusse zum Anfang vorgerückt ist. — Hb. חשה „sich ruhig, unthätig verhalten" (מ) hat in dieser Form keine arabische Vertretung. Wohl aber entspricht سَخَّيْت نَفْسِي عَن

---

¹) Praetorius' Annahme (Delitzsch-Haupt, Beitr. II, 824), dass dieser aeth. Stamm im asiatischen Semitisch nicht vertreten sei, trifft also nicht zu.

²) Die Metathese wie in ሠነየ „bilden" = خَلَق (Ges. thes. 483, Dillm. lex. 31).

سَخَّيْتُ بنفسى عن الشىء auch الشىء „J left or relinquished the thing, withdrew my heart from it" (Ṣ. bei Lane); s. Tab. II, 3, 6; 9, 8; 674, 3—4; JAth. IV 77, 9, ganz wie החשיתי מטוב Ps. 39, 3; פן תחשה ממני Ps. 28, 1 u. s. w. — Zu hb. (misch.) חָשַׁד „Verdacht hegen" (oft) gehört wohl ar. حدس „vermuthen, vermuthungsweise etw. annehmen"; z. B. „der gescheidte Blinde يحدس „erschliesst durch Vermuthung, was ein dummer Sehender nicht wahrnimmt" Baiḍ. I, 416, 21. — Ebenso fehlt zu hb. und aram. חָשַׁךְ „finster sein" im Arab. ein zu erwartendes حسك; dagegen entspricht ein Stamm سحك; vgl. اِسْتَحْنَكَ „schwarz sein" (von d. Nacht, Haar).

Assyr. *kašâdu* „fassen, erobern, erreichen" (sehr oft) ist = ar. كَدَش, als dessen entsprechende Bedeutung Ġ angibt: هو يكدش لعياله „er erwirbt für seine Familie den Unterhalt"; كدش من فلان عطاء „er erlangte von X. eine Gabe"; كَدْش auch = سوق شديد „starkes Wegtreiben". — Hb. מָגַן „gab preis, gab hin" ist = ar. نَجَمَ „gab hin, entrichtete", z. B. Lösegeld Zoh. 16, 23. 24. Hier haben der labiale und der dentale Nasal ihre Stellen vertauscht. Die Bedeutung ist übrigens sowohl im Arab. wie im Hebr. nur schwach entwickelt. — Syr. مَحْشِلْ „schwach, niedrig, unbedeutend", von Bernstein lex. chrest. syr. 167 gewiss falsch aus مَحْ + شَلْ „weg von Kraft" erklärt, stelle ich zu ar. خَامِلٌ „unbedeutend, ohne Ruf" v. Menschen (s. Lane s. v.) JHiš. 175 u.; خَمَلَ auch vom Namen und Ruf selbst „unbedeutend, schwach sein" Agh. II, 20, 3 v. u.; Tebr. 45, Z. 2 v. u.; 79, Z. 7; von einem Ort „unkenntlich geworden sein" Achtal 138, 5. — Syr. مطِیْ „gelangte" (Ethpe u. Pa.) wird zu مَعَنَ, auch IV. C., „eilte" 'Antara 21, 53, „liess sich tief in e. Sache ein" (ابعد) gehören. — Hb. נֶגֶב „Süden" muss zum ar. جَنُوبٌ „südlicher (Wind)" gestellt werden. Es ist damit nicht gesagt, dass das hebr. Wort von der aram. Wurzel נגב „trocken sein" (mit dem es Ges. lex. verbindet) getrennt werden müsse; denn dieser Lezteren scheint der arab. Stamm جنب überhaupt zu entsprechen. Vgl. جَنَبَ القومَ

„die Kamele der Leute haben keine oder wenig Milch" eigtl. „die Leute sind trocken"; عَامٌ تَجْنِيبٍ, „ein Jahr, wo Milch fehlt oder knapp ist" Mufaḍḍ. 3, 8.

Das hb. עֶבְרָה „Zorn, Grimm" mit dem denominirten הִתְעַבֵּר leitet man allgemein ven עבר „überlaufen" (der Gemüthswallung) ab. Indessen liegt keinerlei Berechtigung vor, eine ständige Metapher hinter einem Wort zu suchen, welches dafür nicht den geringsten Anhalt bietet; denn nirgends findet sich bei dem Nomen oder Verbum auch nur eine Andeutung jenes angeblichen Bildes; bei einem Particip wie עֹבְרִים Spr. 26, 10 (auch 26, 17 עֹבֵר so?) ist es sprachlich nicht einmal möglich es anzunehmen. Auch im Aram. erscheint תעבור „Zorn" Trg. Jes. 9, 18; 13, 9 (s. Levy TW) ohne irgend welchen Zusatz oder Andeutung jenes angeblichen Bildes. Ich stelle das Wort mit ar. غَرْب „Heftigkeit, Zorn" (Lane: „sharpness of temper, passionateness, irritability or vehemence") zusammen; vgl. سَكَنَ مِنْ غَرْبِهِ „er kam von seinem Zorn zur Ruhe" Kâmil 88, 13; s. auch 90, 2. Das Nomen bedeutet sonst noch „Heftigkeit des Laufs (Lebîd 39, 2 Châl. als Adj.), der Kraft; Schärfe einer Waffe, der Zähne u. s. w. So ist auch حِدَّة „Schärfe" zu „Zorn" geworden, s. z. B. Mas. VII, 317, 2 v. u. Von dem targ. תעבור oder einem sonstigen Derivat von עבר hat das Syr. in dieser Bedeutung keine Spur. Vielleicht ist dort der St. صحن hierherzuziehen, der in صَحْنَةٌ, „wild, aufgeregt" (Menschen, Thiere, Wellen) اَلصَّحْنَةُ „wüthend sein", z. B. اَمْرُ عَلْنَةٍ „wie e. Verrückte" (s. PSm.) vorliegt und sich mit den Bedeutungen von غَرْب und עֶבְרָה deckt. — Das hb. עֲלָטָה „Finsterniss" (4 Mal) gehört zu ar. غَيْطَلَةُ اللَّيْلِ „Nachtfinsterniss", Ġ; (auch vom dunkeln, d. i. dichten Wald Imrlq. 19, 24, Hud. 262, 21). Die arab. Form des Stamms ist die ursprünglichere, denn auch das Assyr. stimmt mit ihr zusammen; vgl. šamšu atalâ ištakan „die Sonne erfuhr eine Verfinsterung" (Epon.-Liste zu 763). — Hb. עָצַם עֵינָיו „verschloss s. Augen" Jes. 29, 10; 33, 15 entspricht syr. ܚܡܨ ܥܝܢܗ = misch. עָמַץ Šabb. 23, 5, auch b. Talm. (Levy NhW III, 664) „drückte die

Augen zu". Mit der syr. Form stimmt ar. غَمَضَ Achṭal 6, 3 und اغْمَضَ, das schon Nöldeke ZDMG. 32, 406 mit ihr verglichen hat.

Aram. עִקַּר, חָמֵשׁ „Wurzel" in der Mischna oft übertragen für „Hauptsache, Grund, Tiefstes" mit dem denominirten חָמֵשׁ „entwurzeln, zerstören", Letzteres auch im Hebr. (Zeph. 2, 4, Qoh. 3, 2), hat kein genaues arab. Aequivalent. Es liegt nun anscheinend nahe, an ar. عِرْق „Wurzel" zu denken. Dieser Vergleich ist auch nicht abzuweisen; es bleibt aber zu bemerken, dass Letzteres mit seiner Bedeutung innerhalb des arab. Stamms ganz isolirt ist. Andererseits concurrirt ar. قَعْر „Unterstes und Tiefstes jeder Sache", nach TA bei Lane auch „Wurzel der Palme". Das Letztere hat innere Wahrscheinlichkeit; denn قعرت الشجرة ist = „ich habe den Baum mit seinen Wurzeln ausgerissen" (Ġ); vgl. auch تَقَعَّرَ „es wurde ausgerissen", das Holzgestell im Zelte, Lebîd 129, 3. Man sieht, dies Verbum entspricht im Gebrauche genau dem aram.-hebräischen, ebenso wie andererseits das Subst. عِرْق genau dem Subst. עִקַּר. Ich wage daher nicht zu entscheiden, ob zu dem aram. Stamm das ar. قَعْر oder عِرْق zu vergleichen sei. Das ar. قَعْر hat übrigens neben sich eine Parallelform, die dem hebr. עקר entspricht; denn neben قَعْر البيت kommt im Arab. selbst عَقْر البيت Huṭ. 12, 11, Dînaw. 225, 15 für „Tiefstes, Innerstes des Hauses" vor.

Hb. ערף „träufeln, fliessen" (2 Mal) ist = رعف „fliessen", v. Blut Ṭarafa 9, 7. — Hb. פָּלָא „Wunderbares" nebst dem Verbum im Niph. und Hiph., das sonst keinen Anschluss hat, darf man vielleicht mit ar. فَأْل „wunderbares Vorzeichen, Omen" verbinden. Das Verbum im Arab. ist erst aus diesem denominirt. Im Hebr. ist von obigem Stamm ein anderer zu trennen, der nur als Verbum in der Verbdg. יַפְלִיא נֶדֶר · פַּלֵּא נֶדֶר (5 Mal in Lev. und Num.) vorkommt in der wahrscheinlichen Bdtg. „aussondern = weihen" (so Trg. LXX, Ra, JEz., Ges. lex., Dillm. u. A.). Mit diesem wird man targ. פְּלִי „absondern, entfernen" (= hebr. בְּעֵר) Dt. 26, 13. 14 u. o.

zusammenzustellen haben¹). Im Targ. hat sich hieraus auch „beseitigen, ausrotten" (1 K. 15, 12 u. ö., Levy TW s. v.) entwickelt. — Neben dem syr. und hebr. ܡܚܠܒ = ar. أفلت „entkommen" gibt es einen aram. Stamm ܡܚܠܒ „etw. ausspeien aus d. Körper" Aphr. 283, 4 v. u.; 292, 9; 422, 10 u. s., = targ. פְּלַם, das für hebr. קיא „ausspeien" Lev. 18, 25. 28 (J.), Jona 2, 11 u. s, steht, im b. Talmud häufig verbunden mit dem gegensätzlichen בלע, z. B. in כבולעו כך פולטו „wie es (das Gefäss) den Geschmack e. Speise einzieht, so speit es ihn auch wieder aus" Pes. 74a u. ö.; sonst Ber. 21b; Chull. 112b u. ö., s. 'Arûkh s. v., Levy TW u. NhW. Dies entspricht zweifellos dem ar. نفظ الشىء من فمه „aus dem Munde auswerfen" (Speise oder Trank) Kâmil 551, 7, daher لُفَاظ „Ausgespienes" Imrlq. 4, 22, und übertragen لَفْظ „Wort".

Hb. פָּרַץ, das sowohl transit. „zerstreuen" (das Heer e. Feindes 2 Sm. 5, 20; Ps. 60, 3), als auch intr. „sich ausbreiten" (Gen. 28, 14; Jes. 54, 3) und hieraus auch „sich vermehren" Ex. 1, 12 u. ö. bedeutet, gehört zum ar. Stamm رفض a) „zerstreut laufen lassen" (die Herde); b) sich zerstreuen, v. d. Herde; اِرْفَضَّ جَمْعٌ „eine Kriegsmenge zerstreute sich" Tab. I, 1891, 8; JHis. 300, 9 v. u., genau wie im Hebr.; اِبِلٌ رِفَضٌ „camels in a state of separation" (Ln); القومُ أرفاضٌ فى السفر „die Leute sind zerstreut auf der Reise"; ebenso رَفَضَى (TA). Sonst bedeutet es noch „sich ausbreiten" (v. e. Thal, Zweigen e. Baumes) wie im Hebr. von e. Volk. — Hiervon verschieden (obgleich in Ges. lex. damit vereinigt) ist hb. פרץ „einen Riss, Lücke machen" an e. Mauer Ps. 80, 13; 89, 41 u. ö., פֶּרֶץ „Riss, Lücke" Am. 9, 11; Ez. 13, 5; 1 K. 11, 27 u. ö. Denn dieses gehört zu ar. فرض „machte einen Einschnitt, Riss", woher فُرْضَة „Oeffnung, Lücke in e. Mauer" u. dgl., auch „Riss, Einbuchtung am Ufer e. Flusses", Lebîd ed. Hub. n. 42, 21, wo z. B. die Schiffe anlegen können (Ln nach Ġauh. Msb.); also genau wie hb. מִפְרָצִים „Meeresbuchten" Ri. 5, 17.

---

¹) Ueber ein anderes aram. פְּלִי „entschied" vgl. § 80.

Der Stamm צמת des hb. חָמַכֹּר לִצְמִיתוּת „vollständig, complet sein" vom Verkauf Lev. 25, 23. 30 correspondirt mit ar. صَنَتَ „ganz, vollkommen sein"; vgl. اَلْف مُصْنَتِم (= تَام) „1000 Ganze, Vollkommene" Zoh. 16, 43; ebenso مَالٌ صَنَتَمٌ ;اَلْف صَنَتَم (Ġ, schol. Zoh. p. 89 Ldbg.). — Im Hebr. ist der Begriff „ganz sein" auch „in zu Ende gehen, aufhören", daher הצמית „zu Grunde richten" umgeschlagen, wie dies ebenso bei כָּלָה vgl. z. B. Ex. 39, 32 mit Jes. 16, 4 u. v. A., sowie bei חמם von der bekannten Bdtg. „vollkommen sein" aus in Verbindungen wie Jes. 16, 4; Hi. 31, 40 u. ö. der Fall ist. Uebrigens ist die hebr. Gestalt des Stamms, צמת, die ursprüngliche; denn auch das Arab. hat اَلْف مُصَنَتِم neben der obigen anderen Form erhalten (Ln nach Muḥkam, Qam.), und noch mehrere andere Anwendungen des ar. Stamms صمت lassen sich nicht auf die Bdtg. „schweigen", wohl aber auf „voll, ganz, fest sein" zurückführen, für welche sich daneben صنتم im Arab. abgespalten hat.

Assyr. *naqlabu* „Wehgeschrei" (Sarg. Ann. 136 ed. Winckler) von einem Stamm *qalâbu*[1]) „schreien" gehört zu aram. קבל „schreien, klagen" (z. B. = צעק Targ. Ps. 88, 2; Hi. 19, 7), auch „sich beklagen", letzteres auch im Syr. und in der Mischna (Levy TW 340). — Hb. קֻבַּעַת „Becher" Jes. 51, 17. 22, dem im Assyr. *qabûtu*, vgl. *qabuâtē ḫurâṣi* Schrader, KAT[2] 208, 18 zu entsprechen scheint, gehört zu ar. قَعَب „Becher von Holz" (Ġ) Imrlq. 19, 26.

Von dem hb. רגע „ruhig sein" (מַרְגּוֹעַ · מַרְגֵּעָה · רִגְעִי), das man wohl von رجع „zurückkehren in die frühere Stelle oder Zustand", aeth. ZTŐ „gerinnen" (s. Hi. 7, 5, Ges. lex.) nicht zu trennen braucht, muss jedenfalls רָגַע הַיָּם „er beunruhigte, regte das Meer auf" als verschieden getrennt werden. Es entspricht ar. رجع „beunruhigen", dessen VIII. Stamm nach Ġ = ارتعد „erzittern, in Aufregung sein" bedeutet, z. B. von e. Heer JHis. 732, 5 v. u. Nahe verwandt ist رَجَّ[2]) „erschüttern, erzittern machen", pass. „erbeben" v. d. Erde Qor. 56, 4; VIII Conj. „krachen" von d. Gewitterwolke Achṭal 139, 6.

---

[1]) Das *q* ist freilich in der assyr. Schrift nicht sicher; denn in der Schreibung ist *naq* und *nak* nicht unterschieden.

[2]) Wie syr. ܡܚܐ „sich verbeugen" = hb. קדד.

Ar. رَفَقَ „liebevoll, zärtlich sein", رِفْقٌ „Freundlichkeit" u. s. w. gehört zu aeth. አፍቀረ „liebte"; ፍቁር „Geliebter" u. s. w.

Neben dem syr. ܐܶܕܚܶܬ „fürchtete" = ar. رَهِبَ geht ein zweiter syr. Stamm ܪܗܛ „schnell sein" her: ܪܗܝܒܐ „schnell", ܪܗܝܒܘܬܐ „Eile", ܡܣܬܪܗܒ, ܐܣܬܪܗܒ „eilte". Dieser ist von dem ersteren zu trennen. Denn wenn auch hebr. רָנוּ אֶל, פָּחַד אֶל gelegentlich einmal „zitternd hineilen" bedeuten können, so verdanken sie diesen prägnanten Gebrauch der Verbindung mit einer Präposition der Bewegung wie אֶל. Dass aber dieselbe Wurzel ohne jeden Zusatz zugleich „fürchten" und „eilen" bedeuten könne, ist an sich sehr unwahrscheinlich. In der That entspricht das syr. ܪܗܝܒܐ „eilig" dem ar. هَرَبَ „floh". Die Umstellung der beiden ersten Laute הר in רה im Syrischen vollzieht sich in einem anderen Fall sogar vor unseren Augen, sofern ܪܗܛ „lief" = רָץ den Imprtv. ܗܪܛ bildet. Hierdurch sind nun bei ܪܗܒ im Syr. zweierlei Stämme secundär in eine Form zusammengeflossen.

Das 'ἀπ. λεγ. שׂתַם Klgl. 3, 8 in der Verbindung: „Auch wenn ich rufe und schreie שָׂתַם תְּפִלָּתִי" lässt sich nicht mit dem aram.-späthb. סתם „verschliessen, verstopfen" (so LXX ἀπέφραξε) zusammenbringen, weil das Object dem widerstrebt. Man darf wohl an شَمَّتَ (= خَيَّبَ) „Jmd.'s Wunsch und Bitte vereiteln, verweigern" (Lane) denken; vgl. رَجَعُوا شَمَاتَى „sie kehrten zurück, ohne ihren Wunsch erreicht zu haben". — Hb. שָׁבַח und הִשְׁבִּיחַ „besänftigte" (die Fluthen, den Zorn) ist schon von Ges. lex. mit سَبَّخَ „beruhigte, stillte" (Fieber, Hitze) verglichen. Zu beiden ist aber im Assyr. pašâhu „sich beruhigen" (Praes. ipašah; II, 1 und III, 1 „beruhigen, besänftigen" (Belege bei Lyon, Sargon S. 39) zu stellen. — Hb. שֶׁבֶץ 2. Sm. 1, 9 „Todesschwäche, Todeskrampf" ist = aeth. ሰንፈ „Schlaffheit, Schwäche" = μαλακία (מַחֲלָה) Exod. 23, 25. Mit diesem hat schon Dillm. ضَبِيس „schwerfällig, schwächlich" verglichen; das Aeth. und Arab. stimmen also in der Folge der Laute überein.

Hb. שָׁמַד, Hiphil הִשְׁמִיד „vernichtete", ebenso im b. Aram. und im Syrischen Aphr. 273, 8; 297, 2 v. u., ist auch im Assyr. in gleicher Form vertreten; vgl. *aš-mud* „ich vernichtete" 2 R 67, 24. Das Südsemitische hat in dieser Gestalt und Bedeutung keinen entsprechenden Stamm. Dagegen ist wahrscheinlich aeth. አጥፍአ „vernichtete, vertilgte bis auf die Spur", das in der Bedeutung vollkommen den obigen gleich und dieselben Radicale, nur in anderer Ordnung, bietet, ihr Aequivalent. Im Arab. soll nun دَمَسَ nach Qam. = دَرَسَ, also diesem Stamm an Bedeutung ähnlich, nur intrans., sein und würde, wenn sich dies bestätigt, ebenfalls dazu gehören. Doch weiss G Nichts davon, und soweit ich das arab. Wurzel belegen kann, finde ich nur „finster sein" Mfḍḍl. 19, 16; Urwa 25, 2; Ham. 564, 3 = aeth. ጸልመ „finster" Dillm. 1088. Dagegen vergleicht sich gut سَلَم, سَلوم „verwittert, durch Staub und Geröll verschüttet" von einem Brunnen und den Wegen zu ihm Lebîd 7, 3; 64, 2; Huṭ 3, 16. Diese Bedeutungen stehen nun seltsamer Weise im Stamm سلم ganz isolirt (sonst bedeutet er „betrübt, erregt sein"). Sollte im Arab. die Wurzel sich gespalten und z. Th. دمس geblieben, z. Th. die Form سلم angenommen, oder sollte sie sich überhaupt nur in leltzterer Form erhalten haben?

B) Es sind im Vorangegangenen jene Metathesen unbeachtet geblieben, welche ו und י betreffen. Diese beiden Spiranten vertauschen in Folge ihrer flüssigeren, nur halb consonantischen Natur leicht ihre ursprüngliche Stelle innerhalb der Wurzel. Bekannt sind Fälle wie צָוָה = وَصَّى; — دَلْو „Eimer" = דְּלִי (דֲלִי); — جَرو = לִיש ‎ = גוּר „junger Löwe"; — جَثْوَة = גוּש „Erdhaufen"; — شَعَف = ar. حَف neben hb. יָחֵף „barfuss". — هَفَا = הָוָה (poet.) „anzeigen, verkündigen" habe ich ZDMG 41, 641 zum ar. Stamm وَحَى gestellt. Die Begründung sei hier kurz nachgetragen. وَحَى ist vor dem Islâm „Mittheilung" überhaupt, z. B. an die Geliebte Ham. 616, 7; auch „schriftliche Mittheilung" Zoh. 15, 5; Lebîd Muʻall. 2; JHiš. 454, 8 v. u. Von dieser indifferenten Grundbedeutung aus, welche der aram. (hebr.) parallel geht, ist es erst von Muḥammed zum Terminus für mündliche Offenbarung gemacht worden.

Auf uralten Schwankungen in der Stellung dieser Spiranten beruht es, dass eine Anzahl von Wurzeln in gespaltener Form vorliegt, indem das *w* und *j* sich an zweierlei Stellen der Wurzel festgesetzt hat. So hbr. גור neben יָגוֹר = وَجَرَ „fürchtete sich"; — דּוֹד „Freund", דּוֹדִים „Liebe" (wozu gewiss auch דָּוִד = „Geliebter") neben יָדִיד יְדִידוּת von ירד = وَدَّ. — עֵצוּ Ri. 19, 30; Jes. 8, 10 von einem Stamm עוץ neben dem alten und gewöhnlichen יָעַץ = وعظ; — טוֹב, طَبَّ, طَيِّبٌ gegenüber einem Stamm יטב in הֵיטִיב, וַיִּיטַב; — صَوَّرَ, صُوَرٌ, selten nur hb. צוּר „bilden" (vgl. auch צוּרָה Ez. 43, 11) gegenüber dem üblichen hb. יָצַר. יֵצֶר u. s. w. — Hb. יָגֵעַ neben עָיֵף. — Auch in فَزَعَ „fürchtete" und رَوْعٌ „Furcht, Schrecken" sammt seinem Verb mag eine solche Spaltung vorliegen. — תּוֹעֵבָה von פ"י neben יָעִיב „verschmäht" Klgl. 2, 1 von ע"י oder ע"י, zu dem es gehört (s. unt.). — וַעֲוָה meist Qri für das K'th. זועה, das doch durch hbr. und bibl.-aram. זוע „zittern", syr. ܐܣܬܘܥ gedeckt ist. Derartiger Erscheinungen liessen sich noch zahlreiche anführen.

Natürlich ist es häufiger, dass der Spirant wie in den erstgenannten Fällen je in verschiedenen Idiomen eine verschiedene Stellung in der Radix hat. Dieser Art sind die folgenden Fälle: Hb. יגה „kummervoll sein", תּוּגָה, יָגוֹן „Kummer" hat Nichts mit وَجَأَ „stossen, schlagen" (Ges. lex.) zu thun, sondern gehört zu جَوًى „Kummer, Gemüthsschmerz" Kâmil 748, 8; Hud. 225, 5, bes. auch vom Liebeskummer Ham. 544,5; 597, 3, جَوِيَ und اِجْتَوَى „Kummer empfinden"

Hb. וָזָר in dem Vers Prov. 21, 8: „Verschlungen, sich hin- und herwendend ist der Weg des וָזָר, während das Thun des Lauteren (זַךְ) gerade ist" muss einen Sinn etwa wie עִקֵּשׁ haben, der dem Prädicat הֲפַכְפַּךְ entspricht und zu יָשָׁר in Glied b sich gegensätzlich verhält. Dazu passt weder das übliche „Schuldbelasteter", noch liesse sich aus وزر „tragen" ohne sehr grossen Zwang diese Bedeutung gewinnen. Man stelle es zu زَوِرَ „krumm sein", زُور „Lüge, Unwahrheit." Qor. 25, 5. 72; 58, 2 u. s. — Mit חוֹל „Sand", meist von Sand am Meer, = ݣݥ vergleicht sich وَحْل „feuchter Sand, Schlamm", in dem die Lastthiere einsinken, Kâmil 348, 10, Lebîd ed. Hub. no. 39, 76. — חָרָה „zürnte" (oft חָרָה אַף = חָרָה לוֹ) = syr. ܐܠܚܣܢ „stritt", ܫܶܓܢܳܬܳܐ „Streit" gehört zu ar. وَحِرَ على „ist voll Zorn und Hass gegen", وَحَرٌ „Zorn, Hass" JHiš. 724, 4 v. u., Tebr. 263, 3 v. u. — Ueber יסר = أَشار? vgl. § 27.

Von den verschiedenen Wurzeln לוה im Hebr. deckt sich לוה „drehen, flechten", woher לִוְיָה, לֹיָה „Kranz", mit لوى „winden" z. B. einen Strick; — ferner לָוָה „entlieh" mit نَوى „zog den Gläubiger mit Begleichung der Schuld hin" Zoh. 10, 29; Tab. III 627, 19; 628, 4. — Dagegen נִלְוָה „schloss sich eng an" = ܠܘܐ „begleitete" (im Hebr. nur Qoh. 8, 15 so) hat keine Vertretung in einem ar. وَنى, wohl aber in وَلِىَ „nahe stehen, eng verbunden sein mit..", مَوْلًى „Nahestehender" (daher sowohl Herr, als Sclave, als Oheim, als Neffe), وَلِىّ „Verwalter, Leiter", وَلاء، وَلِىّ „Verwandschaft" u. s. w.

Die Wurzel von פְּרִי „Frucht", יִפְרֶה „sprosst hervor" Jes. 11, 1; 45, 8 mit dem Prtcp. פֹּרֶה, פֹּרִיָּה ist wie das Subst. beweist, tert. j. Auch das aeth. ፍሬ „Frucht, Blüthe", ፈረየ „Blüthen treiben" hat ein j als 3. Radical. — Daneben geht nun aber im Hebr. ein Stamm פרה „zahlreich werden" meist in der Vrbdg. פָּרוּ וְרָבוּ oder פְּרוּ וּרְבוּ u. dgl. her, dem auch im Syr. ܦܫ ܘܣܓܝ u. s. w. entspricht (Gen. 1, 22; 41, 52; s. Cast. s. v.), das dort Cardahi mit وَزاد، نَمى übersetzt. Diese zweite Wurzel könnte nun allenfalls mit der ersten begrifflich zusammenhängen („Frucht bringen" = „Nachkommen haben"). Aber es muss doch bemerkt werden, dass sie fasst stets mit רבה verbunden ist (nur 3 Male unter 18 Fällen fehlt dies!), dass sie durchweg die Bdtg. „zahlreich werden, sich vermehren" (vgl. z. B. Gen. 26, 22; Ex. 1, 7; 1, 20; 23, 30) hat, dass dagegen die Bdtg. „Kinder = Frucht erzeugen" nirgends erkennbar hervortritt (abgesehen von der Etymologie Gen. 41, 52). Die Bedeutung „viel, zahlreich sein" wird nun noch positiv gestützt

durch den Sprachgebrauch der Barrâjtâ in Bab. meṣ. 69 b: מפרין*) על
שדהו ואין חוששין משום רביח „(die Besitzer eines Feldes) dürfen
(dem Pächter) einen Zuschuss hinzugeben (zum Zweck der
Amelioration, wofür er ihnen dann einen höheren Pachtertrag zahlt),
ohne dass dies für Wucher gilt"; hier bedeutet das Hiphil „vermehren, hinzuthun". Diese Bdtg. nun von פרה „viel sein" fällt
mit der des arab. وَفَرَ „viel, zahlreich sein" وَفْرٌ, وُفُورٌ „Menge,
Fülle" Huṭ. 31, 4 u. s. w. zusammen, und werden diese beiden
Stämme identisch sein, so dass sich die Vrbdg. פרה ורבה natürlich
erklärt. Es dürfte demnach dieses פרה als Verb ult. w von פרה
„Frucht bringen" (ult. j) wurzelhaft zu trennen sein.

מָקוֹר „Quell, Born", welchem im Arab. kein Derivat von
قار zur Seite geht, gehört zu ar. قَرِيٌّ „Wasserteich, aus dem die
Kamele trinken", قَرِى „Wasserlauf, Kanal" Huḏ. 90, 16; Tab.
II 589, 17, wie denn auch das syr. ܡܚܡܕܐ „Teich" (غدير), vom
Regen angesammeltes Wasser, sowie Kanal, Aquaeduct" bedeutet
(PSm 2463 nach BA und BB). Die arabische Gestalt der Wurzel
ist die ursprünglichere; denn auch das Syrische hat in ܡܚܡܐ (n. A.
ܡܚܡܐ, ܡܚܡܐ, s. PSm a. a. O.) „Cisterne, Kanal" Derivate einer
Wurzel קרה erhalten. Im Arab. ist auch das zugehörige Verbum
vorhanden: قَرَى الماء فى الحوض „er sammelte d. Wasser in der
Cisterne an" Huṭ 28, 1. Hieraus erklärt sich der viel missverstandene
Vers Jer. 6, 7: כהקיר בור מימיה כן הקרה רעתה „wie eine Cisterne
ansammelt, zusammenhält ihre Wasser, so hat die Stadt ihre
Frevel angesammelt"²). קַרְתִּי 2 K. 19, 24; Jes. 37, 25 scheint denominirt zu sein.

Zu hb. הוֹרָה „lehrte", תּוֹרָה, assyr. têrtu hat Nöldeke und
Reinisch amh. warê „Nachricht", tña awraja gestellt; s. ZDMG

---

¹) In manchen Ausgg. verändert in מפרין, während alle guten alten
Ausgg. bei Rabbinowicz, die alten Ausgg. der Mišna, Jerus̆. u. s. w. מפרין
haben (s. Kohut, Pl. Ar. VI, 406 N. 2). Das allein kann auch nur richtig
sein, weil hier ein Plural (parallel m. חוששין) stehen muss, מפרין aber Singul.
sein würde.

²) So auch Targ., Pesch.; dagegen LXX, Hier., Graf, Htz. „kühlen,
frischhalten" von קרר, unannehmbar.

40, 724. Das arabische Aequivalent ist bisher nicht ermittelt. Es ist das bekannte روى „überlieferte, berichtete". Da im Amh. und Tña die Reihenfolge der Radicale dieselbe ist wie im Hebr., so scheint das w erst im Arab. die Umstellung erlitten zu haben. Die Vermuthung Wellhausen's, dass תורה und מורה nach dem Werfen (ירה) der Lose durch den Priester benannt seien (Skizzen und Vorarb. III, 167) bestätigt sich demnach nicht.

Hb. רָם = aram. רָם „war hoch" gehört zu ar. وَرِمَ „ist hoch" von der Pflanze (= سَمُقَ); zu dem bekannten وَرِمَ أنفه wird Kâmil 7, 17 هو شامخ بأنفه in Parallele gestellt.

Das hb. שׁוֹט in der Verbindung שׁוֹט שׁוֹטֵף Jes. 28, 15. 18 kann nicht „Peitsche", wie die Erkll., auch Dillm. z. St., annehmen, bedeuten. Dem widerspricht sowohl der Zusatz שׁוֹטֵף als nähere Bezeichnung dieser Strafe, als auch die weitere Ausmalung des Bildes, wo von einer Wassernoth die Rede ist (vs. 17b). Derselbe Ausdruck für schweres Strafgericht findet sich auch im Qor. 89, 12: فصبّ الله عليهم سوط عذاب; auch hier erweist صَبَّ, dass mit سَوْط eine Wassergefahr gemeint ist und demnach die Erklärungen der Commentare „Theil" oder „Heftigkeit der Strafe" (s. auch Lane s. v.) falsch sind. Man wird in diesem Stamm سوط eine alte Variante zu سطو sehen müssen; man sagt سطا الماء اذا كثر (Ġ); سَاطَ ist „stürmisch einherkommend" سَطْوَة „Ansturm". Das Nomen שׁוֹט = سَوْط scheint ein altes Wort für stürmisch einherwogende Fluth zu sein.

شَفَى „heilte" und ፈወሰ ist schon von Dillm. lex. s. v. zusammengestellt. — Hb. תֹּהוּ „Oede, Wüste" muss zu ارض تيهاء, تِيْه Tebr. 30, 2 v. u. „Wüste" gestellt werden, woraus اِسْتَتْيَه „in die Irre führen" Ham. 685, 1 denominirt ist.

Lautverschiebungen.

Gutturale.

§ 2. Von Entsprechung verschiedener Gutturale bei derselben Wurzel begegnet namentlich öfter die von

א und ע. — Bei dieser wie der in § 3 folgenden Verschiebung hat jedenfalls die Nachbarschaft von Labialen mit eingewirkt; seltener findet sie sich auch neben anderen Lauten. Bei Labialen finde ich folgende Fälle: Hb. לְעֻמַּת „nahe bei, neben" entspricht dem ar. Stamm أَمّ; vgl. دَارِي أَمَّ دَارِهِ „mein Haus ist dem seinigen nahe, ihm gegenüber, G̓; أَمَّ „nahe" Zoh. 17,8.— Ueber hb. עֹפֶרֶת = syr. أَصْ „Blei" vgl. § 8, b. — Gegenüber dem syr. Stamm حصد, حَصْدْنْا u. s. w. = samar. עמוטא „Finsterniss" haben die Targg. und Midr. r. אמיטתא „Finsterniss, s. Levy TW I, 35. — Im Arab. selbst geht اسْتَفَنْتْ يَدْ und ..سَعْفَتْ parallel = „Einschnitte haben" (G̓). — Hb. פֹּארָה „Gezweig" פֹּארוֹת „Zweige" ist mit ar. فَرْع „Zweig" identisch[1]). [Dagegen lautet فَرْع „Haar" Jmrlq. Mu'all. 35; Ham. 566, 1 auch im Hebr. פֶּרַע].—
Dem hebr. פֵּאֵר „hielt Nachlese" Dt. 24, 20 steht im Syr. حَكْ, „hielt Nachlese" = hbr. עוֹלֵל (Lev. 19, 10; Dt. 24, 21; Jer. 6, 9; book of the bee 4, 8) gegenüber; in diesem Fall tritt neben dem ע im Syr. zugleich die labiale Media auf gegenüber dem פ, das neben dem א im Hebr. steht. — בֵּאֵר „erklären, deutlich machen" stelle ich zu عَبَّر „erklären, auslegen" (z. B. e. Traum), „erläutern", z. B. عَمَّا فِى قَلْبِى „was man denkt". — Hbr. מְעִיל „Mantel" wird unter gleichem Wechsel von א und ע zu ar. مَلَاءَة „Ueberwurf, Oberkleid" Huṭ. 7, 32 u. s. (z. B. Ham. 16, 2 v. u. über dem Panzer getragen) gehören. — Dem hbr. מאס „verachten" würde sich ar. مَقَسَ = أَقَنَ „schätzte gering" gut an die Seite stellen,

---

[1]) Natürlich zu trennen von פְּאֵר „Pracht" und seinem Stamm; vgl. über dieses § 5.

wenn es ausser der Ueberlieferung durch den Qâm. noch zu belegen sein sollte. — An dritter Stelle der Wurzel wechseln beide Laute in جَبَل "Hügel" vgl. m. hb. גֶּבַע. — Beiläufig sei bemerkt, dass auch das Hiph. יַבִּיעַ "spricht aus, verkündigt" (mit dem Object אֹמֶר Ps. 19, 3; אִוֶּלֶת Prov. 15, 2; רָעוֹת 15, 28, Subj. "Mund" u. ö.) nicht als Metapher aus נבע "sprudeln" (nur Prov. 18, 4)[1]) angesehen werden darf, wie es wohl immer geschieht; dafür ist der Gebrauch in der Bdtg. "sprechen" ein zu häufiger und von einem metaphorischen Verhältniss liegt keine Andeutung vor. Wir haben hier vielmehr innerhalb des Hebr. selbst neben נבא "verkündigen" (נָבִיא, נִבָּא) eine parallele Wurzel mit gesteigertem Guttural נבע, die nur im Hiph. im Gebrauch ist und gleiche Bedeutung hat. — Aram. קִימְעָא "ein Weniges" (Talm. b. Ber. 4b; Pes. 113b u. ö., s. Levy NhW IV, 327) entspricht ar. قَمًا, قُمَاءَة "Kleinheit" Ham. 639, 1; Tab. III 657, 3; doch finden sich hier schon im paläst. Aram. Schreibungen mit א (s. Levy a. a. O.)[2]).

Die sonstigen Fälle des Wechsels beider Laute enthalten fast durchgehends eine Liquida neben dem Guttural: אָרַשׂ "verlobte" hat Nichts mit أَرْش "Bestechungs,- Sühnegeld" (Ges. Thes. 155; Lagarde Sem. I, 50) zu thun, sondern entspricht dem ar. عِرْس[3]) "Gattin" Ham. 531, 6, im Dual schon bei 'Alqama 13, 25 für ein Paar Strausse; عُرْس "Hochzeit" Kâmil 773, 6[4]); عَرُوس "Verlobte" ist genau das mischn. אֲרוּסָה. Der Stamm ist im Arab. gut fundirt; das Verbum bedeutet "aneinanderbinden,- knebeln"; in intransitiver Structur "fest an etw. hängen, sich dicht an etw. halten" (im Kampf an den Gegner, das Kind an s. Mutter); s. Lane u. d. W.

---

[1]) Qoh. 10, 1 ist unklar.

[2]) Diesen Fällen auch hb. יָרֵא = ar. فَرَع zuzurechnen nehme ich Anstand, weil auch das Arab. eine א-Wurzel وَأَر "schreckte" (Lebîd Hub. n. 39, 6) besitzt.

[3]) Zu der ungewöhnlichen Entsprechung س = שׂ vgl. § 28.

[4]) Bekanntlich kommt die bindende Kraft des Verlöbnisses im hebräischen Alterthum dem der Ehe nahe; bei 'arûs ist die Bedeutung ganz gleich. Vgl. auch die Schwankungen der Bedeutung bei חָתָן, כַּלָּה.

Die Nomina sind gleichfalls vorislamisch belegbar; s. Alqama a. a. O. und أَعْنَاسٍ Huḍ. 113, 6 für „Genossen" (des Kamels).
Hb. עָנָה אֶת הַדִּין „verschleppte, zog das Urtheil hinaus" Misch. Sanh. 11, 4, b. Talm. Sanh. 35 a, Schabb. 33 a entspricht dem ar. أَنَى, أَنِّى „schob hinaus, verzögerte" Huṭ. 8, 5. Wie zu dem ar. Verb ein أَنِّى, أَنَى „Zeit" (Qor. 33, 53), Plur. آنَاءٌ, so gehört zu der hbr. Wurzel עוֹנָה „bestimmte Zeit" Ex. 21, 10 (oft in d. Misch. u. Späthbr., z. B. עונת קריאת שמע ,עונת גשמים ,עונת המעשרות u. v. A.; s. Kohut, Plenus 'Arûkh VI, 221), im paläst. Aram. auch עִנְחָא (Levy, TW II, 226; Kohut a. a. S. 227). Von diesem עִנְחָא und auch jenem עוֹנָה lässt sich aber das hb. עֵת „Zeit" = ass. ênu, êttu „Zeit" nicht trennen[1]), sondern ist als Derivat unseres Stammes ענה anzusetzen, wie קָרָה von קִרְיָה, also √קרה, קסח von √קסח (vgl. ⲫⲱⲧ hbr. קְשׂוֹת) kommt; s. ZDMG 41, 607. — Auf Grund dieser und der folgenden Correspondenzen von א und ע neben einem נ ist mir auch die Identität von hbr. אֵת „mit" = aeth. ኀቤ mit dem arab. عِنْدَ „bei" sehr wahrscheinlich, die schon Dillmann, aeth. Gr. S. 315 angenommen, Praetorius ZDMG 27, 643 aber ohne Begründung abgelehnt hat; das t hat sich hier noch ausserdem der Liquida partiell assimilirt und ist so zur Media geworden. Die Bedeutung weist Beide zusammen.

Zu dem aram. כְּעַן „ergo, igitur" stelle ich das ganz gleichbedeutende aeth. ኀጐን[2]); in einer von beiden Sprachen haben die beiden Elemente, aus denen die Partikel zusammengesetzt ist, eine Metathesis erlitten. Das kă kann übrigens weder im Aeth. als Suffix der 2. Pers. (Dillm.) angesehen werden, weil es dann im Aram. nicht am Anfang des Wortes stehen könnte, noch darf es im Aram. als Präposition כְּ gelten, weil es im Aethiop. am Wortschluss steht.

---

[1]) Demnach nicht mit عَنَى (Fleischer in Levy's TW II, 572, Nöldeke, ZDMG 40, 725) zu verbinden, welches keine näher verwandte Bedeutung bietet. Am nächsten steht im Arabischen das genannte أَنَى „Zeit".

[2]) Sie sind auch in der wichtigen Eigenthümlichkeit einander gleich, dass sie Beide, wie igitur, hinter dem ersten Wort des Satzes eingeschaltet werden.

Auch die zeitliche Bedeutung von כְּעַן „jetzt" (im Targ. = hb. עַתָּה; Ezra 5,16 עַד כְּעַן „bis jetzt") ist im Aeth., z. B. in አ . . እንከ „nicht . . . mehr" u. A., vertreten[1]).

Dem hb. נָא = syr. ܢܐ steht im Aeth. ጎ, ነዋ gegenüber. — Vermuthungsweise möchte ich so auch das hb. אֹן „Kraft, Stärke", das in seiner Bedeutung ganz isolirt dasteht, zu ar. عَنْوَة „Gewalt" (häufig in der Phrase اخذه عنوة „er nahm es mit Gewalt") stellen. — Hb. גאל „einlösen, loskaufen" ist im Arab. durch جعل vertreten; vgl. جَعَلَتُ „Loskaufspreis", جِعَل, جُعْل, „Preis e. Sache". — Umgekehrt entspricht dem hb. נער „brüllen", syr. = „anschreien" im Arab. جَأر „brüllen" und übereinstimmend damit dem hb. פגע „einen überfallen", im Syr. u. Hb. auch „begegnen", ar. فَجَأَ „überfiel unversehens" Tab. II 90, 13. — עגל „Kalb", das im Hbr., Aram., Arab. übereinstimmend ein ע hat, hat nur im Aeth. ኦግል „Junges" ein א.

אזל (aram.; hbr. in Poesie) „weggehen" bin ich sehr geneigt zu ar. عزل zu stellen, welches zwar gewöhnlich transitiv „beseitigen" ist, aber daneben auch die dem Nordsemit. entsprechende intransitive Bedeutung aufweist; vgl. عَزَّلَ „Beiseitegeben" G, Msb.; عَزَلَ عن المرأة „se separavit a femina ante effluvium seminis" (Msb., Az. bei Lane); كان فى مَعْزِل Qor. 11,44 „er hatte sich getrennt"; مَعْزِل „sich abseits niederlassend, sich von den Meisir-Spielern trennend" (G u. A.). — Hb. אוד = syr. ܐܘܕܐ „Holzscheit" gehört zu عُود „Holz", und ist wie ich sehe auch schon von PSm damit verglichen.

Die besprochenen Fälle zeigen, dass bei dem Wechsel beider Gutturale keine Sprachgruppe oder Sprache das א oder das ע stärker als eine andere bevorzugt. Bald hat das Hebr. das א, wo

---

[1]) Im Syrischen scheint mir das unerklärte ܟܶܡ in ܗܳܟܶܡ „ergo, igitur", ܡܰܟܶܡ „jam, nunc, itaque" ܚܕܰܟܶܡ „adhuc", dessen Bedeutung mit den obigen zusammenfällt, ihm zu entsprechen. Bei einem so gewöhnlichen Wort ist der Zerfall des ע nicht auffälliger als in מְחַם und ܗܳܡܶܢ.

das Arab. ע bietet, bald umgekehrt, und so auch bei den anderen Sprachen. Für den Wechsel beider Laute scheint aber die Nachbarschaft von Labialen und Liquidis besonders günstig zu sein.

§ 3. א—غ. Hebr. und aram. א vertritt sporadisch auch das ar. غ. Es ist dies nicht befremdlich, weil ja das Letztere im Nordsemit. mit ע zusammenfällt also auch dort die Schicksale desselben theilt. Das nordsemit. ע, welches dem ar. غ entsprach, konnte daher, wenn dieselben ursächlichen Bedingungen vorlagen, sich ebensogut sporadisch in א umbilden, wie wir dies oben von dem ע, das = غ ist, gesehen haben. Die wenigen mir aufgestossenen Fälle haben alle den Labial פ im Hebr. neben dem Guttural im Stamm. Es sind:

אֲפֵר „Kopfbinde", zu dem Fr. Delitzsch wohl mit Recht den assyr. Stamm *apâru* „bekleiden", bes. auch „bedecken" (das Haupt) gestellt hat[1]), steht dem syr. ܚܦܐ „Haube" ܡܚܦܐ „Umschlagtuch", jüd.-aram. מעפרא (auch Targumwort für אֲפֵר, s. weiter Kohut, Ar. V, 207) mischn. מעפורת und dem ar. مِغْفَر „helmartige Kopfbedeckung" gegenüber. Das Hbr. und Assyr. bieten hier א gegenüber ar. غ und aram. ע.

In den übrigen Fällen ist mit dem Wechsel des Gutturals auch eine gleichzeitige Verfärbung des Labials verbunden: während dieser neben dem hebr. א stets als פ erscheint, tritt er neben dem arab. غ durchweg als Media ב auf. Es sind dies:

פִּתְאֹם „plötzlich", das zu ar. بَغْتَ gehört (mit Metathese des 2. und 3. Radicals). In derjenigen hebr. Form, welcher die Endung *ōm* fehlt, in פֶּתַע, ist das ע wie im Arab. erhalten; nur vor der Endung *ōm* ist es stets zu א geworden. Die beiden hebr. gleichbedeutenden öfter verbundenen Wörter פֶּתַע פִּתְאֹם als wurzelhaft verschieden anzusehen, liegt kein Anlass vor, ist auch bisher m. W. nicht geschehen.

---

[1]) Prolegg. 54. Auch die assyr. Schreibung reflectirt deutlich ein א, nicht ע, sonst müsste die bei ע und ח übliche Vocalbrechung vorliegen. Dass es den im Text angeführten syrischen Wörtern entspricht, was Nöldeke ZDMG 40, 720 betont hat, thut seiner Zugehörigkeit zu dem hebr. Nomen (gegen Nöldeke) keinen Eintrag.

אֵפֶר entspricht in gleicher Weise dem ar. غُبَار [1]. Es bedeutet nicht, wie durchweg angenommen wird, „Asche" sondern, wie غبار, „Staub". Das zeigt z. B. Mal. 3, 21: „Ihr werdet die Frevler zertreten; denn sie werden *Staub* (אֵפֶר) sein unter Euren Fusssohlen"; „Asche" hätte natürlich keinen Sinn. Die übliche Fassung des Worts als „Asche" erweist sich auch als falsch aus seinem Gebrauch bei Trauerceremonien. Der Trauernde setzt sich öfter עַל הָאֵפֶר (Hi. 2, 8, Jon. 3, 6). Das kann nicht bedeuten „in die Asche"[2]; denn einmal kennt die traditionelle Trauer bei den Juden nur ein Niedersitzen auf die Erde, nicht aber ein Sitzen auf Asche; zweitens wird in anderen parallelen Stellen von Trauernden unzweideutig vorausgesetzt, dass sie am Boden, auf der Erde sitzen, vgl. יֵשְׁבוּ לָאָרֶץ Klgl. 2, 10, שָׁבִי עַל עָפָר Jes. 47, 1; nach Ablauf der Trauer wird zugerufen: מֵעָפָר קוּמִי. Auch das Bestreuen des Hauptes erfolgt mit עָפָר „Staub" Jos. 7, 6, Hi. 2, 12, Ez. 27, 30 und trotzdem oder vielmehr gerade darum kann dafür אֵפֶר 2. Sm. 13, 19 stehen, wie es auch Ez. l. l. im Parallelismus mit jenem vorkommt[3]. Die herkömmliche Phrase „in Sack und Asche trauern" beruht also auf einem alten Uebersetzungsfehler. Dieser selbst ist dadurch entstanden, dass אֵפֶר „Staub", gerade so wie die anderen synonymen Wörter gelegentlich auch einmal auf „Asche" übertragen wird. (Num. 19, 9. 10). Ganz dasselbe tritt aber bei עָפָר, das unbezweifelt „Staub" ist, gleichfalls gelegentlich ein (Dt. 9, 21; 2. K. 23, 4. 6)[4]. Wie nahe sich beide Wörter in der Bedeutung stehen, ergibt sich aus Num. 19, wo für „Asche"

---

[1] Während עָפָר = ar. عَفْر ist.

[2] Wenn Hiob 2, 8 in seiner Trauer sich in אֵפֶר setzt, so haben das seit Wetzstein bei Del. die Erklärer von einem Düngerhaufen (Mezbele) ausserhalb der Stadt verstehen wollen, wohin er als Aussätziger sich zurückgezogen habe. Wie will man es dann aber erklären, wenn Jona 3, 6 der König von Ninive sich עַל הָאֵפֶר setzt? — Es bedeutet beide Male nur „auf die Erde", „in den Staub".

[3] Vielleicht beruht aber auf der Deutung dieses אֵפֶר als „Asche" das ganz vereinzelt vorkommende Bestreuen des Hauptes mit אפר מקלה = „Asche" in der allgemeinen Trauer Miš. Ta'n. 2, 1.

[4] Das arab. قَتَام „Staub" hat im Aram. קטמא sogar durchgehends die Bdtg. „Asche".

vs. 9, 10 אֵפֶר, vs. 17 aber עָפָר steht. Auch die Phrase vom hinfälligen Menschen „ich bin nur עָפָר וָאֵפֶר" Gen. 18, 27 kann nur bedeuten „ich bin Staub und Erde", aus ihnen geschaffen und in sie wieder zerfallend, aber nicht „Asche". Die Sprache der Mischna- und talm. Zeit hat davon noch ein Bewusstsein gehabt; wenn dort von „Asche" gesprochen werden soll, wird אפר noch mit einem Zusatz versehen; so אפר מקלה „Staub der Verbrennung" = „Asche" Miš. Ta'n. 2, 1, Kel. 9, 3; b. Talm. B. bath. 60 b; Makk. 21 a; אפר שרופין Miš. Ohol. 2, 2 (Kohut, Pl. ʻAr. I, 235). Dieses אֵפֶר „Erde" ist mit ar. غُبَار identisch[1]).

Hb. שָׁאַף „gierig sein, schmachten"[2]) (nach Luft Jer. 2, 24; 14, 6; nach Schatten Hi. 7, 2; nach Menschen gierig schnappen Ps. 56, 2. 3; 57, 4 u. s.) entspricht unter denselben Lautbedingungen dem ar. سَغِبَ „hungern" Qor., Mfḍḍl. 24, 9; Kâmil 774, 1. Die Bedeutungen verhalten sich genau so zu einander wie das allgemeine رَغِبَ „begehrte" zu dem speciellen רָעֵב „hungerte".

§ 4. Der sporadische Wechsel von א und ה ist durch שאר (hbr. und jüd.-aram.) = سَمَرَ „übrig sein" gegenüber syr. ܐܡܣܠ gesichert. So stellt sich ferner hb. אָפַף „umgab" (5 Mal) zu ar. حَفَّ „umgab".

§ 5. א – ח = خ. Da im Nordsemitischen خ mit ح in dem ח zusammengefallen ist, so konnte dort א mit ח, das = خ, sporadisch ebenso wechseln, wie א mit ח = ح. Einen sicheren Fall dieser Art sehe ich im hb. הִתְפָּאֵר „sich rühmen", das = ar. فَخَّم „sich rühmen" ist; פָּאֵר „Ruhm" = فَخَّم. Wie man im Hebr. weiter prächtige Gewänder als בִּגְדֵי תִפְאָרֶת Jes. 52, 1, כְּלֵי תִפְאֶרֶת Ez 16, 17. 39 u. s. bezeichnet, so nennt sie der Araber خِلَع فَاخِرَة,

---

[1]) Diese Identität würde übrigens auch anzunehmen gewesen sein, wenn die bisher angenommene Bedeutung von אֵפֶר richtig gewesen wäre, s. S. 20 Anm. 4.

[2]) Hat natürlich mit נשף „blasen, wehen" (Ges. lex. s. v. אשף) Nichts zu thun.

ثِيابٌ فاخِرَةٌ Agh. V, 26, 13; 147, 6 v. u.; II, 23, 2; 1001 Nacht II, 22, 1 u. ö. (Bûl. 1251). Und wie das hebr. Wort weiter alle möglichen prächtigen Dinge (Haus, Krone) bezeichnet, so das arabische prächtige Bäume und Pflanzen Lebîd 11, 3; 86, 2 Châl. — Zu נאף „ehebrechen" hat Brugsch, dem Erman folgt, aeg. *nhp* „begatten" gestellt, ZDMG 46, 113. Dem entspricht aber auch im Arab. نخب „begatten", das ich schon früher, ohne jene Identification zu kennen, mit נאף verglichen hatte. Gehören die beiderlei Wurzeln zusammen, so ist das uralte خ auch hier im Hebr. in ein א übergegangen. — Man beachte, dass in beiden Fällen, wie auch bei אפף § 4 der Labial ף bezw. ב neben dem Guttural steht, dessen Einfluss auf den Wechsel des א mit anderen Gutturalen wir schon oben beobachtet haben.

§ 6. ח—ע. Der gelegentliche Uebergang von ح und ع in einander ist schon innerhalb des Arab. an Fällen wie حِفْضَاجٌ = عِفْضَاجٌ „beleibt", اِحْتَكَلَ = اِعْتَكَلَ „ist dunkel, zweifelhaft", بَحْتَرَ = بَعْثَرَ „zertheilte" nachweisbar, zweimal hierbei neben Labialen. — Ebenso findet er sich in andern Idiomen einige Male. Im Anlaut: Hbr. חֲבִי „m. Busen" vgl. m. syr. ܚܘܒܐ, während in jer. Targg. beiderlei Formen nebeneinanderstehen (Levy TW I, 233—4; II, 195). — Hb. חמץ „gewaltthätig handeln" (חָמֵץ, חָמוֹץ) = aeth. ሐመጸ (schon von Ges. lex. vergl.). — So stelle ich hb. חִגֵּר = سَمِحَ „hinkend" (gewiss ist auch mand. הארכתא, הארגנתא „Schiefheit"[1]) gleichen Stammes) zu ar. أَعْرَجُ „hinkend".

Im Auslaut: Hb. פרח „sprossen, blühen" = ass. *pirḫu* „Gewächs" (mit *ḫ*) = syr. ܦܪܥ „sprossen", — hb., aram. צוח „schrie", übereinstimmend mit صاح, gegenüber aeth. ጸውዐ „rief".

§ 7. ח und ה wecheln mit einander in dem häufigen misch.-talm. (בְּעַל) כורחו „trotz seines Widerwillens, seiner Abneigung", dessen Identität mit ar. كُرْه schon erkannt ist. Be-

---

[1]) Nöldeke, mand. Gr. § 43. — N.'s Ableitung aus حرك dürfte obigem Stamm gegenüber aufzugeben sein.

merkenswerth ist, dass in der in Jemen geschriebenen Handschrift des Midr. haggādōl — wie mir Hr. Dr. D. Hoffmann mittheilt — durchweg כורהו geschrieben wird, also in Jemen dialectisch noch das ה wie im Arab., wahrscheinlich durch Einfluss desselben, im Aram. bewahrt worden ist. Bei der sonstigen Uebereinstimmung der talm.-midr. Handschriften und Drucke in ח ist nicht zu bezweifeln, dass dies ה eine nur vereinzelte Dialecteigenheit ist. [Dagegen das syr. ܡܪܥ „krank" ist auch im Talm. nach den meisten LA stets als כריח erhalten, Levy NhW II, 396. 398; Kohut IV, 317—8]. — So entspricht auch das späthbr.-trg. חתך „schneiden" (s. schon Dan. 9, 24, häufig in Misch. und Talm.) dem ar. فتك „durchschneiden, durchreissen", z. B. Ketten Hansâ 55, 6, eine Hülle (oft).

Lippenlaute.

In einer Reihe von Fällen wechseln Labiale bei derselben Wurzel in den verschiedenen Idiomen mit einander. Am relativ häufigsten ist darunter der Wechsel von ב mit פ, und dieser zeigt sich wieder öfter im In- und Auslaut, als im Anlaut der Wurzeln. Zumeist weist das Nordsemitische, besonders das Hebr., ein פ gegenüber einem südsemit. ב auf; das umgekehrte Verhältniss ist weit seltener. — Neben dem Wechsel dieser Labiale kommt auch seltener ein solcher zwischen ב und ו, פ und ו, ב und מ vor.

§ 8. פ—ב. — a) *Als erster Radical.* Schon Nöldeke[1]) hat daran erinnert, dass das Aram. öfter im Anlaut פ statt eines ב in anderen Idiomen aufweise, indem فَرزِل [aber auch assyrisch *parzillu*] dem hb. בַּרְזֶל, פَحْمَدَا „Ebene" sowohl dem hb. בִּקְעָה, als dem ar. بَقْعَة u. s. w. gegenübersteht; vgl. auch فَلَمُسَا „Melone" mit hb. אֲבַטִּיחַ, ar. بِطِّيخ. Diesen Fällen ist noch weiter der aram. Stamm ܦܪܣ „besprengen, befeuchten" [vgl. auch فَ Julianus-R. 63, 16 und ܦܚܟ „bespritzen, beflecken" Kal. w. D. 21, 13, Acta mrt II, 71, 6. v. u., Barh. chr. 395, 3 v. u.] anzufügen, welcher mit hb. בָּלַל, ar. بَلَّ „besprengte" identisch ist; בָּלוּל „befeuchtet" Lev.

---

¹) Mand. Gr. S. 47, N. 3. — Die speciell im Mandäischen vorkommenden häufigeren Veränderungen der Labiale s. das. S. 47—50.

θ, 4, Num. 7, 13 u. s. wird daher sowohl im Targ. wie in der Peš. mit פִּיל übersetzt.

Dem Hebr. und Aram. gemeinsam ist ein solches פ in פָּשַׁט, = ar. بسط‎, عمل‎ = ar. بسط‎, sowie in פַּרְעֹשׁ, ܩܽܘܫܳܢܳܐ „Floh" = ar. بَرْغُوث‎. Im letzten Fall hat zugleich eine Metathese des ע und ר stattgefunden. Das Gleiche liegt vor in hb. פֶּתַע „Plötzlichkeit", בְּפֶתַע „plötzlich", das zu بَغْتَةً „plötzlich" zu stellen ist[1]). — In hb. פֵּאֵר „hält Nachlese" = syr. ܨܚܰܪ ist mit dem Labial zugleich der Guttural modificirt. — פָּזַר „zerstreuen" ist die gewöhnliche und einheimische hebräische Form gegenüber ar. بذر‎, aram. ܨܪܐ, woneben das vereinzelte hb. בָּזַר Ps. 68, 31, Dan. 11, 24 als Aramaismen anzusehen sind. — In diese Reihe scheint mir auch hb. פּוּחַ oder פִּיחַ zu gehören mit der Bdtg. „aussprechen, kundgeben" z. B. יָפִיחַ כְּזָבִים (5 Mal in Prov.) „wer Lügen spricht", יָפִיחַ אֱמוּנָה „wer Wahres redet" Prov. 12, 17, das von פּוּחַ „wehen, duften"[2]) zu trennen ist. Ich stelle es zu باحَ بشىء „er theilte etwas mit, was er wusste" Hud. 271, 40; vgl. بوحا بذكرى „nennet meinen Namen" Agh. VII, 108 M.; هو يبوح بما فى صدره „er offenbart sein Denken" (Lane). Nur ist der hebr. Stamm direct transitiv, der arab. erst durch Vermittlung von ب.

Das umgekehrte Verhältniss: Hebr. und syr. ב = ar. ف, ist weit seltener. Dahin dürfte gehören hb. בֶּדֶק „Riss, Spalt" (an e. Gebäude)[3]) vgl. mit فَتْق „Riss" dessen Gegensatz رتق „einen Riss beseitigen" ist z. B. رَتَقْتَ الفَتْقَ Tab. III 614, 21; ferner Qor. 21, 31 u. ö. In Folge partieller Assimilation hat das Arab. zwei Tenues gegenüber den beiden Mediae des Hebr.; welche von beiden die urspr. Form gewesen sei, wird kaum festzustellen sein. — Endlich vermuthe ich, dass תָּפַשׂ „mit Gewalt nehmen"

---

[1]) Vgl. über dieses und פִּתְאֹם S. 19.

[2]) Vgl. HL 2, 17; 4, 6 = فاح „wehen", vom Wind. — הָפִיחַ „duften machen" HL 4, 16 ist Causativ dazu, vgl. فاح „duften".

[3]) Das syr. ܨܡܡ „ausbessern" = hb. בדק 2. Chr. 34, 10 wird denominirt sein (s. Ges. lex.).

und بطش „mit Heftigkeit ergreifen" wurzelverwandt sind, obgleich sie durch die Metathese und den Wechsel des ח für ט neben dem der Labialen jetzt ziemlich unähnlich aussehen; im Hebr. hat vermuthlich die eine Tenuis die zweite nach sich gezogen. — [Ueber assyr. *palâsu* „ansehen" = jüdisch-aram. בלש „untersuchen" vgl. S. Fränkel ZA III, 55].

b) *Als zweiter Radical.* Im Inlaut wechselt bekanntlich א und ע in hebr. עֹפֶרֶת „Blei" gegenüber syr. أُصْف (in's Arab. als Fremdwort إبار gewandert[1]). — Umgekehrt dürfte in derselben Lautconstellation עם = אב das syr. حَقَم „umfasste, umschlang" dem hb. אבק „umfasste" beim Ringen Niphal Gen. 32, 25. 26 entsprechen. — Man darf bei dem syr. حقم nicht etwa an die hbr. Wurzel חבק „umarmen" denken, weil dieses Letztere auch im Syrischen durch حمقا „Umschlingung" (BA, BB bei PSm 1183) vertreten ist. In der Miš. gehört hierzu חבק „ein den Leib umschlingender Gurt, der den Sattel des Thiers festhält" (Kelim 19, 3; s. auch Tlm. Šabb. 64a; so nach Maimon. und Aruch s. v. קלקי in dessen erster Erklärung). Dem entspricht vollständig das ar. حَقَب „Gurt um den Bauch" Kâmil 764, 16, welches daneben wie auch حقاب, auch einen geschmückten Frauengürtel bedeutet. Dem hbr. חבק „umschlingen" steht also im Syr. حمس, im Arab. حقب gegenüber, während im Aeth. ሐቀፈ correspondirt.

In mehreren echtsemitischen Wurzeln, bei welchen auf den Guttural ein *r* als 3. Radical nachfolgt, hat das Hebr. ein פ gegenüber südsemit. ב. So ist das hb. חפר „auskundschaften, Kunde suchen" (über e. Land u. s. w.) Deut. 1, 22, Jos. 2, 2. 3 u. ö., „ausspähen nach etw." Hi. 11, 18; 39, 29 das Aequivalent des ar. خَبَر „Kunde", خَبَر er erprobte, suchte genaue Kunde zu erlangen" (Lane „he proved by trial or experiment or experience") Ham. 699, 14. — Dem hebr. ספר „zählen", welches = aeth. ኆለቈ „messen, messend bestimmen"[2]) ist, stellt sich in

---

[1]) Fränkel, Fremdw. 152.

[2]) Nahe verwandt ist eine Wurzel *safana* etwa = „zählte"; vgl ኣንፈዩ „wie viel" eigtl. „welche Anzahl"?

gleicher Weise سَبَر „Mass und Zahl einer Sache bestimmen" an die Seite; z. B. مَفَازَةٌ لَا تُسْبَرُ „e. Wüste, deren Ausdehnung nicht zu ermessen ist; فيه خير كثير لا يسبر „in ihm ist viel Gutes, das nicht gezählt, gemessen werden kann"; سَبَرْتُ القَوْمَ „ich musterte die Leute genau, um ihre Gesinnung zu erkennen" Tab. II, 172, 10, oder that J migth know their number (s. Lane nach A u. Mṣb.); „ausmessen" (die Tiefe e. Wunde Huḍ. 169, 2). Im Hebr. ist die gewöhnliche Bedtg. „zählen"; doch auch die etw. allgemeinere des Arab. und Aethiop. „etw. sorgfältig mustern, messend bestimmen" findet sich Hi. 28, 27, Jes. 22, 10; 33, 18; Ps. 48, 13.

Von obigem Stamm zu trennen ist ספר „schreiben" סֵפֶר „Buch" u. s. w., auch syrisch, obgleich es im Hebr. in der äusseren Form mit jenem zusammengefallen ist. Auch hier entspricht das hb. ס vor dem r einem südsemit. ز; das arab. Aequivalent ist nämlich زَبُور, Pl. زُبُر „Schrift" Jmrlq. 63, 1; 65, 2; Lebîd 61, 4; Qor. 21, 105 u. ö., das von den Arabern erst aus südlichen Idiomen übernommen ist[1]), wie auch positive alte Hinweisungen der Araber selbst bezeugen (Lebîd 61, 4, JHiš. 47, 6). Das Eintreten eines aeth. H = ز für ein ursprüngliches ת = س = ס neben einem b ist im Aethiop. durch eine Reihe weiterer Fälle gesichert (s. § 24), daher auch aus dem Verhältnisse des ز zu ס in den obigen beiden Stämmen kein Einwand herzuleiten[2]). — Vermuthungsweise wage ich auch das ar. صَبًا „östlicher (Wind)", ريح الصَّبَا „Wind des Ostens" mit dem hbr. צָפוֹן = ṣafâ + Endung n[3]) „Nord" zu vergleichen; die Differenz in der Bedeutung steht ihrer Gleichsetzung wohl nicht entscheidend entgegen. Das

---

[1]) Wie Fränkel, Fremdw. 248 mit Recht aus der parallelen Schreibung نبر und زبر Huḍ. 13, 7. 40 geschlossen hat. Dagegen ist seine Herleitung dieses Stamms aus dem aram. מזמור gewiss unrichtig.

[2]) Dem qoran. Plural أسفار „Bücher" liegt ein hebr. oder aram. Fremdwort zu Grunde. — Auch das سَبُورَة „Tafel" des Qam., das ich nicht belegen kann, ist schon seiner Form nach unarabisch.

[3]) Wie קִלּוֹן, חָזוֹן u. s. w. = qalâ + (â)n. S. Nominalbildung § 197 c.

gegensätzliche נֶגֶב ist ja ebenfalls im Arab. als جنوب vorhanden; s. S. 4. — Dass אָפָר „Staub" bedeutet und = غبار ist, wurde schon oben (S. 20—21) ausgeführt; auch hier folgt ein *r* auf den Labial. — Dagegen findet sich kein *r* bei צָפוּף „gedrängt, enge" 'Abôth 5, 5 = aeth. und amh. ጸፉፍ, wo aber auch das Arab. mit einem ם in صَفّ „Reihe und Glied", صفيف „aneinandergereiht" concurrirt. — Ob auch hebr. תָּפֵל, תִּפְלָה „Schlechtigkeit" (in Mischna und Midr. auch „Ausgelassenheit", s. Levy, NhWB s. v.) mit ar. تَبْل „Hass, Feindseligkeit" aus welchem نَبَل „macht elend, bringt herunter" Agh. VI 42, 10 v. u., JHis. 522, 7, JAhnaf 6, 23 denominirt ist, zusammengehört? — Innerhalb des Nordsemit. stelle ich so hebr. שֵׂבֶר „Deutung e. Traums" Ri. 7, 15 zu dem bekannten aram. פְּשַׁר (Traum) deuten[1]), das als فَسَّر in's Arab. aufgenommen worden ist[2]). — Vom Aram. aus verbindet sich so خصب „ergreifen" mit aeth ሐበጠ „berühren", auch „packen, = verletzen".

c) *Als dritter Radical.* Auch hier vertritt öfter nordsem. ם ein südsem. ب. Bekannt ist hb. und aram. שְׁלַף „ausziehen" = ar. aeth. سلب. — Hierzu kommt weiter: Misch. u. talm. טרף Niph. u. Pual „verwirrt sein" (v. Geist, z. B. Miš. Ber. 5, 5; Nidd. 2, 1; Tlm. Snh. 89b, u. ö., s. Levy) = اضطرب mit Nomen مُضْطَرِب Verwirrtheit" = طَرِب „erregt sein" (vor Freude oder Trauer)[3]). — Dessgleichen ist hb. עטף „hinschmachten, siech, elend sein" (z. B. בעטף לבי Ps. 61, 3; 102, 1; העטופים „d. Hinschmachtenden" Klgl. 2, 19; Hithpa. öfter) = عَطِب „hinschmachten, umkommen" Hutaj'a 1, 15, Dinaw. 61, 3, „müde sein"; مَعْطَب „Un-

---

[1]) Das isolirte פְּשַׁר in Qoh. 8, 1 ist Aramaismus
[2]) Fränkel 286.
[3]) Dagegen ist aram. טרף „schlagen" Chull. 3, 8 u. s. w., „klopfen" z. B. an die Thüre Tlm. b. Ber. 28a, Snh. 97a, syr. auch „klatschen" (d. Hände, Kal. w. D. 40, 4. 5), welches im Hebr. „zerreissen" bedeutet, = طرف „schlagen", also ein anderer Stamm. — Wieder eine andere Wurzel ist שָׂרָף „Speise, Nahrung" = تَرْفَة, s. § 16.

tergang" Ṭarafa 1, 6 = عَطَب Lebîd 16, 5¹). — עָלַף Pual u. Hithpa. „matt, ohnmächtig sein" Am. 8, 13, Jes. 51, 20 u. s.²) ist unter Metathese der ersten Radicale = لَغَب „schlaff, matt sein" Qor. 35, 32; 50, 37, Leb. 46, 2; Achṭal 153, 1; 188, 1 u. ö. — נָדַף = جَدَف „höhnte", lästerte" entspricht wohl dem ar. جَدَب „tadelte, höhnte" (Ham. 731, 1, vgl. auch den von Tebr. z. St. citirten Vers).

Innerhalb des Nordsemit. gehört so תֹּאפָה „Gespei" zum syr. ܪܩ „ausspeien" Prov. 25, 16, ܪܘܩܐ „Gespei". Letzteres darf man also nicht mit Lagarde (Uebersicht 179, 25) von ܬܘܒ = hb. שׁוב „zurückkehren" ableiten. — Jüd.-aram. תכף „sofort, ohne Unterbrechung nachfolgen"³) ist = syr. ܪܗܛ „kommt schnell" Jes. 8, 1. 3; Aphel „lässt ohne Unterbrechung kommen, laufen" Prov. 25, 17; ܪܗܝܛ „ununterbrochen kommend" (Regen, Erdbeben u. s. w.).

Das seltenere umgekehrte Entsprechen eines hb. ב = ar. ف liegt vor in יָעֵיב „verschmäht, verwirft" Klgl. 2, 1, von welchem das häufige תּוֹעֵבָה „Abscheu" nicht getrennt werden kann⁴), obgleich das Verb einen ע״י oder ע״י-, das Nomen ein פ״י-Stamm voraussetzt; s. S. 11. Sie gehören nicht zu ar. عاب „tadeln", sondern zu عَاف, يَعِيفُ „verabscheute, fand widerlich", Speise und Trank Lebîd Hub. n 47, 28, JHiš. 576, 10 = Tab. I, 1408, 6, Kâmil

---

¹) Natürlich zu trennen von hb., syr. עטף „umhüllen", das auch im Arab. so lautet, vgl. عِطَاف „Umhang"; ferner von einem zweiten עטף hb. (Hi. 23, 9) und syr. „sich wenden" = ar. عطف „neigen, beugen", عِطْف „Seite" u. s. w.

²) Von עֶלֶף „(mit e. Schmuck) bedeckt, eingefasst sein" HL 5, 14 zu trennen.

³) z. B. תכף תפלה לגאולה חפלה „gleich nach der G. folgt die T." u. s. w. Ber. 42a; ferner Men. 93b, Mo'ed q. 17b, u. s. w.

⁴) Die Ableitung des Letzteren von نَغَب „Verderbniss, Schmutz, Hässlichkeit" Hud. 128, 2 (Ges. thes.) ist wegen der constanten Schreibung תועבה mit ו nicht möglich.

710, 7; 732, 2, „verabscheute" eine widerliche Frau Dînaw. 32, 1 u. s. w. Von תּוֹעֵבָה ist תָּעַב erst denominirt worden.

Nicht in diese Reihe darf man das aram. ܣܪܦ „schlürfen" (auch späthebr. in der Misch.) setzen, als ob ihm ar. شرب „trinken" entspräche; denn in Wirklichkeit gehört es zu رشف „schlürfen" Hud. 276, 48, Achṭal 184, 3 u. s.

§ 9. ב und ו. — Dass der labiale Spirant und die labiale Media sporadisch wechseln können, ist durch späthebr. הרויח, talm. ארווח „Gewinn machen" (Levy NhW IV, 4, 32) = ar. رَبِحَ mit Subst. رِبْح gesichert. Das Hebr. bezw. das Nordsemit. zeigt diesen Uebergang mehrfach neben dem ק. So in dem hebr. נקוה „sich sammeln" מקוה „Wassersammlung" gegenüber syr. ܩܡܐ „sammeln" (Wasser) Jer. 2, 13 u. s., vgl. ܡܩܡܐ (sonst auch noch ܡܩܡܐ Ex. 7, 19 u. A. „Ansammlung v. Wasser"), welches Jes. 22, 11, Lev. 11, 36 geradezu jenes מִקְוֵה מַיִם übersetzt. — Im gleichen Verhältniss steht syr. ܩܡ „blieb" zu ar. بَقِيَ „blieb". — [Vgl. dazu ܩܦܙ = قفز „springen" (§ 10), wieder bei einem q]¹).

Ein bisher nicht angenommener hebr. Stamm קוה = „verkündigen, aussprechen" ist mir durch die Uebereinstimmung mehrerer Stellen wahrscheinlich: 1) Ps. 19, 5 [vorher geht: „ohne Rede und Worte, ohne dass vernommen wird ihre Stimme" (קוֹלָם)] „geht doch über die Erde hin קַוָּם = „ihre Verkündigung²)

---

¹) Man könnte demnach geneigt sein, auch das hebr. קִוָּה = syr. ܩܡ „hoffte" zu dem ar. بَقِيَ „erwartete" (s. Lane) stellen zu wollen; vgl. die Tradition انتظرناه اى رسول الله بَقِينَا (Ǧauh.). Aber dieser arab. Wurzel entspricht vielmehr das syr. ܨܡ „prüfte, untersuchte", Ethpa: „betrachtete, erwog", das sich zu jenem verhält, wie spectavit zu expectavit u. A. m.

²) Vgl. מְסַפְּרִים in vs. 2.

und bis an's Ende der Erde ihre Worte", d. h. obgleich ohne laute, hörbare Rede (קוֹל) ist ihre Verkündigung gleichwohl überallhin vernehmlich; 2) Jes. 28, 10, 13: קַו לָקָו beide Male parallel mit צַו לָצָו und nach vorhergegangenem „er ertheilt Unterweisung" (vs. 9) muss etwas wie „Aufruf, Befehl" bedeuten; daher der Prophet dagegen replicirt, (da Euch diese bisher gewohnte Art von Befehlen widerwärtig ist) vs. 11: „so wird Er in einer fremden Sprache und in anderer Zunge mit diesem Volke reden"; „Messschnur" für קַו gibt in diesem Zusammenhang keinen Sinn. — 3) Ps. 52, 11 וַאֲקַוֶּה שִׁמְךָ כִי טוֹב muss heissen „ich verkündige, dass Dein Namen gut ist", besonders da נֶגֶד חֲסִידֶיךָ dabei steht. Dieser Sinn ist auch von zahlreichen Erklärern bereits als nothwendig anerkannt (s. Hupf² z. St.), nur dass sie ihn in אקוה nicht finden konnten. — 4) Ps. 40, 2ᵃ קַוֹּה קִוִּיתִי ח' mit der Fortsetzung in b: „da neigte er sich zu mir und hörte mein Flehen". Aus Glied b folgt, dass in a steht „ich rief Gott an". — Das Zusammentreffen dieser Stellen beweist m. E. das Vorhandensein einer Wurzel קוה „verkündigen, rufen". Es ist das unabhängig davon, ob wir eine etymologische Anlehnung für sie besitzen oder nicht. Ich vermuthe, dass sie mit dem sehr gewöhnlichen assyr. Stamm *qabu* „verkündigen", *aqbî* „ich sprach (z. B. im Gebet, Nebk. EJH I, 54), verkündigte, befahl", *qibîtu* „Ausspruch, Befehl" u. s. w. zusammengehört. Die Bedeutungen decken sich vollkommen. Auch hier ist wieder ein ק im Stamm.

Hebr. ב für ar. و findet sich in zwei Wurzeln, jedesmal neben לה. Das hebr. בלה, woher בָּלָהָה „Schrecken" = syr. ܒܠܗ „erschrecken", ist im Arab. mit ب nicht vertreten[1]), wohl aber durch وَلِهَ „erschreckt, betrübt sein"[2]) Kâmil 200, 9; 715, 8, JHiš. 684, 8. — Ebenso entspricht dem Stamm בהל (im Niph.) „erschreckt sein" kein arab. بهل, wohl aber vollkommen وَهِلَ „furchtsam sein". وَهَل „Furcht" Tab. II, 233, 17 ist = בֶּהָלָה.

Ein Fall, in welchem im Arab. neben einander ein Stamm

---

[1]) بله bedeutet „einfältig, sorglos sein".

[2]) Ǧ erklärt وَلِهَ mit „kopflos, bestürzt sein".

mit ב und ein solcher mit ו in gleicher Bedeutung stehen, also Wurzelspaltung oder -verwandschaft vorliegt, ist folgender: Das hb. תַחְבֻּלָה „kluges, listiges Verhalten, geschickte Leitung" muss zunächst zu dem aeth. ḥbl „schlau, verschlagen" ḥbl „List", woraus denominirt ḥblp „listig handeln" gestellt werden, welchem auch im Arab. حَبْلٌ und حَبُولٌ „schlau, gewandt" entspricht. Im Arab. geht nun aber daneben noch ein w-Stamm her: حَوْلٌ, حَوَالِى „gewandt, schlau" Urwa 23,11, Achtal 167,2 mit dem bekannten Subst. حِيلَةٌ „List" اِحْتَالَ „listig handeln" u. s. w., welcher Stamm von obigem ḥbl schwerlich losgerissen werden kann. — Eine ähnliche Spaltung zeigt das hebr. שׁוּלֵי (nur cstr. Plur.) „unterer Saum" des Gewandes neben שׁוּל (nur Jes. 47, 2). Im jüd. Aram. tritt sogar noch eine dritte Form mit פ auf: שׁפוּלא „Saum" (Targ. Ex. 28, 33 etc., Klgl. 1, 9 für das hb. Textwort שׁוּלֵי; Talm. Sanh. 102b u. s., Levy NhW s. v.), vielleicht in Folge volksetymologischer Annäherung an den Stamm שׁפל „unten sein".

§ 10. Den Wechsel von radicalem ו und פ im Aram. zeigte schon der zuletzt genannte Fall שׁפולא. Er ist hier noch an einigen andern Wurzeln nachweisbar. Ein aram. ו für sonstiges פ findet sich in אוּרְדְּעָא „Frosch" gegenüber hb. צְפַרְדֵּעַ, ar. ضِفْدِعٌ; — in טַמֵּא „beschmutzte" = ar. طَفِسَ „unrein sein". — Innerhalb der aram. Dialecte selbst vgl. syr. ܩܦܙ „springen" mit targ. und midr. קוז (Levy Nh. WB IV, 352), neben welchem auch קפץ (Misch., beide Talm., das. S. 356; das ץ durch Einwirkung des ק) vorkommt[1]). In diesem Fall ist das benachbarte ק bei dem Wechsel der Labiale zu beachten, vgl. S. 29. — So dürfte auch das bisher unerklärte assyr. *šepu* „Fuss" zu ar. شَوَى „Fuss" (Ham. 334, 1 parall. mit قَدَم, Agh. ed. Kos. 122, 4 v. u.) gehören, obgleich die Färbung des ersten Vocals im Assyr. auffällig ist. — Sollte

---

[1]) Die nordöstlichen Aramäer sollen nach Jacob v. Tagrit ܒ und ܦ überhaupt wie o gesprochen haben; s. Nöldeke mand. Gr. S. 49.

so auch das hb. K'th. זוּעָה, Qrê זְוָעָה¹) „Schrecken", das keinen etymologischen Anschluss hat, zu dem arab. فَزَع „Schrecken" gehören?

§ 11. מ—ב. — Mehrere Fälle eines Wechsels zwischen dem labialen Nasal und der Media hat S. Fränkel ZA III 51, Anm. 2 zusammengestellt. Ihnen seien hier noch weitere hinzugefügt. Das späthebr. und aram. זיבורית „geringwerthiges" (Feld)²) entspricht ar. زَمِر, z. B. زَمِرُ المال „armselig an Vermögen", عَطِيَّةٌ زَمِرَةٌ „geringe Gabe"; „gering, schwach" von d. Herrschaft Ṭarafa 5, 45, s. auch Lebîd 9, 4 LA. des schol. — Hb. טבע „einsinken" ist aram. טמע; im Aeth. ist das entsprechende ṭamea transitiv „eintauchen"³).

Hb. צרב „brennen" hat Fränkel a. o. a. O. mit ar. ضَرِم verglichen⁴). — Ein ganz entsprechender Wechsel, gleichfalls neben r, liegt vor in עָרַב (auch syr.)⁵) „die Mitverpflichtung für e. Schuld übernehmen", das ich zu غَرِم „eine Schuld oder Verpflichtung auf sich nehmen" stelle. Vgl. Lane zu dem Infinitiv: „the taking upon himself that, what is not obligatory upon him" z. B. غَرِمْتُ عنه ما لزمه من الدية „ich übernahm für ihn die Blutsühne, die ihm oblag". Vgl. z. B. Ham. 702, 4: „ich kümmere mich nicht darum أَنْ أُدَيَّنَ وتَغْرَمَ dass ich eine Schuld mache und Du dafür haftbar seiest". Im Arab. bedeutet es eine Schuldverpflichtung übernehmen, nicht blos für Dinge, die ein Anderer, sondern auch die man selbst schuldig ist, (Letzteres z. B. Qor. 9, 60, Ṭarafa 5, 71, IHiš. 463, 10); im Hebr. ist die erstere Bdtg. spe-

---

¹) So fast durchweg das Kth.-Qrê; in Dt. 28, 25, Ez. 23, 46 ist das Letztere sogar K'thib.

²) Miš. Gitt. 5, 1, Talm. B. qam. 7b u. ö. im Gegensatz zu עידית „vorzügliches", בינונית „mittelgutes".

³) Das Verhältniss dieser aeth. Wurzel zu den genannten fasse ich anders als Fränkel, Fremdwörter 193.

⁴) Ich darf wohl bemerken, dass ich unabhängig von Fr. ebenfalls beide Wurzeln zusammengestellt hatte.

⁵) Dass einst auch das Phoenicische den Stamm besass, hat Lagarde aus ἀρραβών „Pfand" erschlossen.

cialisirt worden. Die Construction in עָרַב אֶת הַנַּעַר Gen. 43,9 ist wie غَرِمَ دِيَةً „er hat e. Sühnpreis zu erstatten, beizubringen übernommen"; ferner das bildl. עָרַב אֶת לִבּוֹ „sein Herz an etwas verpfänden, ihm ergeben" wie das arab. passive مُغْرَمٌ بِالْحُبِّ, بِالنِّساءِ „ganz der Liebe, den Frauen ergeben", eigtl. „ihnen verpflichtet" Ham. 558, 4, Agh. ed. Kos. 117, 2, Mas. VII, 22, 3, Tab. II, 498, 6.

§ 12. מ—פ. Ein gesicherter Fall ist hb. רמס „mit Füssen treten" = ar. رفس, syr. ܪܦܣ ([1]). — Hebr. שׂמח „sich freuen" stelle ich zu aeth. ፈሠሐ. — Ob auch so das einsame עֵיפָה „Dunkelheit" dem ar. غَيَّمَ اللَّيْلُ „die Nacht ist dunkel" (Qam., TA), غَيْمٌ „Wolkendunkel" entspricht?

Gaumenlaute.

§ 13. כ—ג. Das Hebr. hat in mehreren Fällen כ gegenüber einem ג anderer Idiome. Zwar das כ im Anlaut in כחד „leugnen" ist ursprünglicher als das ג im arab. جحد, da auch das Aeth. ክህደ, das Amhar. ካደ mit כ hat. — Aber im Inlaut steht hb. נֶכֶד „Abkömmling" sowohl dem aeth. ነግድ „Geschlecht", Nachkommen" als dem ar. نَجْل gegenüber (schon von Dillm. lex. 695 vergl.). Ebenso hebr. (Misch.) זְכוּכִית „Glas" dem aram. וּגְנִירָא = ar. زُجاج, welch Letzteres aber wohl aram. Fremdwort ist (Fränkel S. 64). — Gleichfalls neben einem Sibilanten hat so das Hebr. ein כ im Auslaut des Stamms in מַסֶּכֶת „Gewebe, Aufzug" Ri. 16, 13, Miš. Kel. 21, 1 (vgl. auch מַסֵּכָה „Decke"), also נסך „weben" gegenüber ar. نسج (vgl. Ges. s. v.). — Dasselbe Verhältniss zeigt auch hb. מסך „mischen" (Wein) zum aram. מזג, ar. مزج [2]); hier correspondirt im Aram.-Arab. zugleich mit der Media der weichere, im Hebr. dagegen mit der Tenuis der schärfere Zischlaut.

---

[1]) Wogegen das hb. רפשׂ „trübe machen" (des Wassers) bedeutet und ohnehin wegen seines שׂ (nicht ס) nicht hiergehört. — Was mit תרדפם Spr. 6, 3, Ps. 68, 31 gemeint sei, ist dunkel.

[2]) Zum arab. Stamm vgl. Fränkel, aram. Fremdw. 172.

In anderen Sprachen steht so im Inlaut syr. ܣܡܝܕ "hinkend" dem aeth. ሐንቀፀ "hinken" (von Dillm. 109 verglichen) gegenüber. — Dass innerhalb des Aram. selbst ܓܘܫܪܐ = trg. גישרא neben ܟܫܘܪܐ = targ. כשורא "Balken" hergeht (Nöldeke, mand. Gr. S. 41, N. 2) erklärt sich daraus, dass es Fremdwort aus dem assyr.-babyl. *gušûru* "Balken" (oft in Bauinschriften) ist. — Wahrscheinlich darf man aus der Vielfältigkeit des Anlauts in hb., syr., targ. גֹּמֶץ (hebr. nur im Qoh.) neben targ. כומצא und קומצא ebenfalls auf fremden Ursprung schliessen; das vereinzelte Verb נמץ Trg. Ps. 7, 16 ebenso wie das syr. ܐܡܨܝ kann, wie schon PSm vermuthet, denominirt sein.

§ 14. ג und ק wechseln im Inlaut bei hb. נגף = aeth. ነቅዐ "schlug" gegenüber ar. نقف "schlug"[1]) mit d. Waffe Kâmil 454, 5, eine harte Frucht entzwei Imrlq. Mu'. 4, 'Alq. 13, 18; IV. Conj. Agh. VI, 43, 4 v. u.[2]) — Auf die Erweichung des ק zu ג in syr. ܓܪܝܨܬܐ, jüd. גריצתא "Kuchen" gegenüber mišn.-hb. קרץ = ar. قرص hat Fränkel, Fremdwörter 35—6, auf diejenige des aram. שיגרא "Mandel" (in's Aeth. als ሰገር gewandert) durch Einwirkung der Media ר gegenüber hb. שקדים Nöldeke, Mand. Gr. S. 39, N. 3 hingewiesen.

§ 15. כ und ק wechseln bekanntlich öfter in Folge davon, dass ein in der Wurzel benachbarter emphatischer Laut das ursprüngliche כ zu ק steigert. In dieser Art ist wohl auch das כ, welches übereinstimmend im ar. ضحك, syr. ܓܚܟ "lachen" vorliegt, im hbr. צחק durch Einwirkung des צ zu ק verstärkt.

---

[1]) Ein ar. نجف "schlagen" gibt es nicht und ist auch durch نَجَفَة "Unterschwelle" nicht zu erweisen (gegen Fränkel, Ar. Fremdw. 20). Der mišn. Stamm für "verschliessen" ist nicht נגף, wie Fr. annimmt, sondern נוף vgl. נף Miš. M. qat. 2, 1, נפה b. Talm. Nidd. 6b "sie hat verstopft" u. A., syr. ܐܓܝܦ Neh. 7, 3 "ward verschlossen". Daher ist auch מְנוּפָה "Verschluss" (mišn., targ.) von נוף abzuleiten und die Vocale in יָגִיפוּ Neh. 7, 3 in voller Uebereinstimmung mit all diesen Thatsachen.

[2]) Die etwaige Annahme, dass das ג im Hebr. durch Einwirkung der Liquida n bewirkt sei, hat gegen sich, dass auch das Aeth. ein ג aufweist, dies also die Präsumption der Ursprünglichkeit für sich hat.

Neben einem weichem Dental und der Liquida *l* findet sich dieser Wechsel in einigen Fällen, wo man umgekehrt eine Schwächung des ק durch eben diese Nachbarlaute anzunehmen haben wird. Das aram. כְדוּ, כְּעַן ‎„jetzt" ist vom ar. قَدْ „jetzt, schon" nicht zu trennen. — Ebenso stellt sich das hiervon ganz verschiedene syr. ܟܰܥܶܢ „es genügt" = hbr. דַּי (Mišna u. s. w. oft) zu dem ar. قَط „es genügt"; vgl. قَطْنِي „es genügt mir" u. s. w. mit كَمْ u. s. f.; s. weiter § 17. Hier hat das Arab. sowohl beim Gaumen- als beim Zahnlaut den emphatischen Vertreter; einer von beiden mag erst secundär den andern gesteigert haben. — Aehnlich neben der Liquida *l* das dem arab. قَمْل, قُمَّل entsprechende targ. und syr. קלמתא „Laus" gegenüber dem targ. כלמתא, hebr. כִּנָּם = mišn. כִּנִּימָה (ob im assyr. *kalmatu* *k* oder *g* vorliegt, wird schwerlich auszumachen sein); vgl. Nominalbidung S. 24 Anm. 4. — Bei benachbartem *r* dürfte בַּר נַעֲמָל „Sattel des Kamels" Gen. 31,34 (mišn. כרים Matratzen) zu قَرّ „Sattel d. Kamels" Imrlq. 20, 42; 65, 6; Huḍ. 273, 12 zu stellen sein. Die Bildung dieses Stammes entspricht ihm eher, als die von كُور Mfḍḍl. 10, 9; 20, 18, Ham. 153, 1 und von مَكْوَر, welche Ges. lex. vergleicht. — Bei einem dem Babylonischen entnommenen Fremdwort, wie aram. אסקופתא (mand. עסק׳) „Schwelle", kann es weniger auffallen, dass das syr. ܐܣܩܘܦܬܐ ‎כ bietet[1]), zumal da im Babyl., wie seine Schrift ausweist, die k-Laute starken Schwankungen unterlagen.

Dentale.

§ 16. ת—ט. Im Arab. erscheint nicht selten die Tenuis ת an Stelle des emphatischen ט anderer Idiome, wenn eine Liquida benachbart ist. Man darf nicht ohne Weiteres für alle diese Fälle annehmen, dass die Liquida den emphatischen Dental erst secundär geschwächt habe; denn manche dieser Wurzeln enthalten zugleich ein ק neben dem Dental, durch welches der Letztere umgekehrt erst secundär zu ט gesteigert sein kann. Ein Urtheil über die ursprüngliche Gestalt der meisten dieser Wurzeln wage ich

---

[1]) Nöldeke, mand. Gr. S. 40, N. 1.

daher nicht. Wir stellen diejenigen, die ausser der Liquida auch das ק enthalten, voran:

Arab. und aeth. قتل „tödten" = hbr., aram. קטל; — قَتِين „dünn, schwach" = hb. קטן, syr. ܩܰܛܺܝܢ, aeth. *qaṭin*, wo das Arab. mit seinem ن alleinsteht und das ט die Präsumption der Ursprünglichkeit für sich hat. — قَلْت „Reservoir" Hud. 113, 20 vom Stamm קלט „in sich fassen", zu welchem hb. מִקְלָט gehört, und das im Trg., im mišn. und talm. Hebräisch auch als Verb „in sich aufnehmen" nicht selten ist (s. Levy NhW IV, 308 - 9). — قُتَار „Rauch, Dampf" Lebîd 56, 2, Ham. 677, 3 = hb. קיטור, jer. Targg. קוטרא[1]).— Neben ק ohne Liquida im Stamm: قَتَام „Staub" = aram. קיטמא „Asche"; hier mag das ט ursprünglicher sein. — Nur neben Liquidis: أَفْلَتَ „entrann" = hb. und syr. פלט. — So gehört auch hb. טֶרֶף „Speise", הַטְּרִיף „gewährte Nahrung" zu تُرْفَة „feine Speise", أَتْرَفَ „gewährte Lebensgüter" Qor. 23, 34 u. ö., مُتْرَف „wohlversorgt mit Gütern" (Qor., Hansâ 59, 4)[2]). — Das hb. טרח bedeutet „Belästigung, Mühe" Dt. 1, 12; Jes. 1, 14. Sehr häufig ist im jüd.-Aram. טרח ב „sich bemühen, sich Arbeit und Anstrengung um etw. machen", z. B. b. Tlm. Keth. 2a, 10a; טריחא לי מלתא „die Sache ist mir mühevoll, lästig" Ber. 7b, Sabb. 45a; מטרח ציבורא „die Gemeinde belästigen" Meg. 22b (s. Kohut, Pl. 'Arûkh IV, 77). Es geht nicht an, diese Bedeutungen von dem ar. طرح „werfen" ableiten zu wollen (Ges. lex.), mit dem sie keine Berührung haben. Dagegen passt gut das ar. تَرَح „Un-

---

[1]) Davon scheint zu trennen hb. קְטֹרֶת (auch Targg.) „Weihrauch", da dieses im Unterschied von dem obigen im. Arab ط hat: قُطْر. Es wird geradezu zu قُتَار im Gegensatz gestellt Tar. 5, 47, Lebîd 56, 2. Eines Stammes können sie nur dann sein, falls قُطْر im Arab. Fremdwort, etwa aus der Sprache der südlichen Weihrauchländer, wäre, wo die Wurzel ט gehabt haben müsste, während قُتَار die einheimische centralarabische Gestalt der Wurzel darstellte.

[2]) Dagegen ist hb. טרף „zerreissen" = ar. طرف „schlagen". Ein drittes טרף, mišn. נטרף „geistig verwirrt sein" s. S. 27.

lust, Sorge", das häufig den Gegensatz zu فَرَح „Freude" bildet (z. B. Mas. VII 274, 5; 275, 1); عَيْش مُتَرَّح „strait, difficult, distressfull life" (Ln). — Ebenso ist تَنْتَل „schüttelte" = hbr. טִלְטֵל Jes. 22, 17, in der Mišna = „bewegte". — In all diesen Fällen steht eine Liquida neben dem t-Laut. — Ausserhalb dieser Combination: שָׁתַם „schmähte" = שָׂטַם „befeindete".

Weit seltener hat das Arab. ein ط gegenüber nordsemit ח. So neben dem emphatischen ק in تَمَطَّق „fand (eine Speise) wohlschmeckend, schnalzte im Wohlgefühl mit d. Zunge" Ham. 650, 5, übereinstimmend mit aeth. ጥዑም „süss" gegenüber hbr. מָתֹק, syr. ܡܚܠܡ „saugen". — Ferner wohl auch خَطَر „stolz einherschreiten", خَطِير „hoch, vornehm" = syr. ܚܛܝܪ „stolz" ܐܬܚܛܪ „stolz thun". Wie es scheint hat auch das Hebr. den Stamm, und zwar in der arab. Form mit ט, Spr. 14, 3: „Im Munde des Frevlers ist חֹטֶר נַאֲוָה = „stolzer Dünkel"[1]) (die Verbindung wie in רָעַת רַעְתְּכֶם Hoš. 10, 15).

Vom Hebr. zum Aram. liegt dies Verhältniss vor in תָּפֵל „Tünche"[2]) = aram. טפילא Trg. Jer. 43, 11, Miš. Kel. 5, 7, Talm. auch טפלא M. qat. 9b u. ö.; טפל „betünchen, bestreichen" öfter in d. Miš. (Levy NhW II, 180). Das arab. طَفَال hat in seinem Stamm keine Bedeutungsverwandte neben sich und ist wohl Lehnwort aus dem Aram.

Im Aeth. ነፍዐ „blasen" gegenüber hb. תקע wird wieder das ק den Dental verstärkt haben wie oben in *metuq*.

§ 17. ד und ט wechseln einige Male in Stämmen, wo eine Liquida benachbart ist; diese Letztere wird in den meisten Fällen die Erweichung des ט in die Media bewirkt haben. Auf die Parallelen von لطس, לטש Gen. 4, 22 u. s. „stossen, schlagen" und

---

[1]) „Stab" (LXX), „Stachel" ܚܘܛܪܐ (Pesch.), gibt in diesem Zusammenhang keinen Sinn.

[2]) Zu trennen von תִּפְלָה, תָּפֵל „Eitles, Schlechtigkeit".

ar. لدس (dass.), ferner von لطم „ins Gesicht schlagen" und لدم (dass.) hat Fränkel, Ar. Fremdw. 66 hingewiesen. — So entsprechen sich auch das bekannte ar. خَلَدَ „dauerd, ewig sein", خُلْدٌ, خُلُودٌ „dauernder, ewiger Zustand" und das aram. חלוטין „dauernder Zustand"[1]); z. B. im Targ. Lev. 25, 23. 30 „das Land soll nicht verkauft werden לחלוטין (= hb. לצמיתות) „für immer dauernd"[2]); מצורע מוחלט Miš. Meg. 1, 7 „ein definitiv, endgiltig Unreiner"; חלוט „definitiv verfallen" von e. Kaufstück (b. Tlm. 'Erkh. 31b; s. Kohut, a. a. O., Levy, NhW II 56—7)[2]).

Umgekehrt ist einige Male, anscheinend durch die Nachbarschaft eines ק, das ר zu ט gesteigert worden. So im نقط „punctiren" vgl. m. aram. u. mišn. נקר (Levy, NhW. III 433), aus welchem nach Fränkel 195 das arabische Wort erst übernommen sein wird. — Ebenso verhält sich aram. und mišn. סרק, صرم „spalten" סרקא „Spalt" zu aeth. ሠጠቀ „spaltete", — sowie aram. صمت؟ „schauen" zu aeth. ጠቀቀ, Beide schon von Dillmann verglichen. — Demnach nehme ich keinen Anstand, das syr. ܣܦ̇ܩ „es genügt", كفى, كفَى u. s. w. PSm, 1677, zu dem gleichbedeutenden ar. قط in قَطْنِي, قَطْكَ „es genügt mir, Dir" zu stellen; (s S. 35)[4]), wo im Arab. wieder das ק ein emphatisches ט bewirkt hat; sogar das so häufige ar. فَقَطْ „genug damit" ist genau durch Phrasen wie ܘܣܦܩ ܠܗܝ ܕ „damit ist's genug" Aphr. 101, 6 v. u. vertreten. — Mit dem syr. ܣܦ̇ܩ „genügend" hat schon Schaaf bei Cast. 399 das mišn. כדאי „genügend, hinreichend" verglichen; s. schon Esth. 1, 18 כְּדַי בִּזָּיוֹן וָקָצֶף. Sehr häufig ist es im nachbibl. Hebräisch; z. B. כדאי הוא ... לסמוך עליו „er ist hinreichend, zuverlässig genug, um sich auf ihn zu verlassen" Nidd. 9b u. ö.,

---

[1]) Ich sehe nachträglich, dass schon Kohut, Pl. 'Ar. III, 400 Beide verglichen hat.

[2]) Levy TW hat irrthümlich „anheimfallen" als Bedeutung des aram. Stamms angegeben; vgl. dagegen מצורע מוחלט u. A.

[3]) Dagegen ist das syr. ܡܣܟܠ „mischen", jüd.-aram. „e. Teig einrühren" auch im Arab. خلط „mischen".

[4]) Das Verhältniss von כ zu ק wie in ܣܡ „jetzt" = قد, لقد; s. a. a. O.

אֵין אֲנִי כְדַי שׁ „ich bin nicht hinreichend, würdig genug, dass . . ." B. bath. 165b; selbst der Plur. אֵין אָנוּ כְדָאִים ist Mekh. P. Jith. Ende פ״א belegt; s. weiter Kohut, Pl. 'Ar. III, 38—39 Ende. Im stat. constr. kommt כְּדֵי „nach Genüge, nach Massgabe" schon biblisch vor, z. B. „man schlage ihn כְּדֵי רִשְׁעָתוֹ das Genügende für seinen Frevel" Dt. 25, 2; „er besitzt כְּדֵי גְאֻלָּתוֹ das Genügende f. s. Auslösung" Lev. 25, 26; s. auch Ri. 6, 5. Im Nachbibl. ist dieser Gebrauch ungemein häufig. Z. B. מִשּׁוּם כְּדֵי חַיָּיו „wegen (des Erwerbs) seines Lebensbedarfs" Sebch. 45a. Vgl. viele Fälle z. B. in Mis. Šabb 8, 1—7. Es ist klar, dass dieses כְּדֵי in seinem Gebrauch als stat. cstr. zu dem obigen gleichbedeutenden stat. absol. כְּדַי gehört und da dieses von قَمَّ = كَفَّ nicht zu trennen ist, so ist sein כ radicalen Ursprungs. Nun hat das Hebr. merkwürdiger Weise daneben ein synonymes דַי „Genüge" Mal. 3, 10, mit Suffixen דַיָּם, דַיֶּךָ, welches in der Mišna und Talm. häufig ist, vgl. דַיִּי „genug für mich" Ber. 24b, דַיֵּינוּ „genug für uns" Ber. 16a, דַיָּהּ שַׁעְתָּהּ „ihre Stunde ist ausreichend" Miš. 'Edij. 1, 1, Nidd. 1, 1 u. A. m. Dieses דַי, constr. דֵי welches jeder etymologischen Erklärung trotzt und in keinem anderen Idiom ein Analogon hat, kann von dem obigen כְּדַי, כְּדֵי, mit dem es gleichbedeutend ist, doch kaum getrennt werden. Da nun in dem letzteren das כ radical ist, wie in dem syr. قَمَّ und ar. كَفَّ so ist es mir sehr wahrscheinlich, dass das etymologisch einsame דֵי, דַי eine Rückbildung aus כְּדֵי, כְּדַי ist, dessen כ die Sprache für die bekannte Präposition hielt. Von jenem verkürzten דַי aus wurden dann weiter Zusammensetzungen wie כְּדֵי, מִדֵּי nach vermeintlicher Analogie von כְּדֵי gebildet.

§ 18. Von Entsprechungen von ד und ת ist auf diejenige des hb. נתן, syr. ܢܬܰܠ und des assyr.-babyl. Stamms *nadânu* mit dem Subst. *nudunnu* „Mitgift", aus welchem sowohl נְדָנִים Ez. 16, 33, als das talm. נְדוּנְיָא wieder hervorgegangen sein werden, schon von Frd. Delitzsch, Proleg. 139 hingewiesen worden. — Das hb. שְׁתִי „Aufzug des Gewebes" = aram., auch syr., שִׁתְיָא mit dem Verbum שתא/אשתי = أَمْهَدَ „den Aufzug herrichten" ist im Arab. sowohl ebenfalls mit ת vertreten in سَتَنَةٌ, أَسْتَنَى, سَتَّى (belegt von Ǵ), als auch, und zwar häufiger, mit ד; so z. B. اَسْدَى, سَدَنِى „Aufzug" Huṭ. 1, 6 mit dem Verb سَدَنِى Huḏ. 250, 25, اَسْدَنِى Huṭ. 2, 8. Ursprünglich dialektische Scheidung? — So möchte ich auch das aeth. ቀተን „eitel, nichtig" zu talm. כדי und ב־כדי „eitel, umsonst" stellen; מילי דכדי „nichtige Worte" Sanh. 29 b (auch Bekh. 8 b nach 'Ar., Raši) = aeth. *nagara kantū* Hi, 6, 6 = ῥήματα κενά. „Es wirft Keiner sein Geld weg ב־כדי umsonst, zwecklos" Keth. 36 b, B. meṣ. 103 b (s. Kohût IV, 197) entspricht im Gebrauch völlig dem aeth. Wort.

Liquidae (*L. N. R.*)

§ 19. ל—נ. — Gelegentliche Uebergänge von ל und נ in einander sind mehrfach nachgewiesen. So entspricht bekanntlich das hb. כַּלָּה, aram. כַּלְּתָא dem ar. كَنّ¹). — Ebenso ist schon von Praetorius das hb. צְלָחָה, aram. צלוחיתא, ܟܡܠܐ, „Schüssel, Schale", aeth. ሰሐን zum ar. صَحْن „Schüssel", Amh. ሰን (aus *ṣenḥá*) gestellt worden (Amh. Gr. S. 94—5). — Hierher gehört auch das Verhältniss des hb. כֵּן, mischn. כנימה „Ungeziefer" zu aram. כלמתא, ar. *qaml*, aeth. *qʷemâl*, das schon oben § 15 und Nominalbildung S. 24 N. 4 besprochen ist.

In den zwei letztgenannten Fällen geht neben dem Wandel der Liquidae zugleich eine Metathese zweier Radicale her. Dasselbe ist nun auch der Fall bei aram. נגד, نَجَمَ „schlagen, geisseln", das zum ar. جَلَدَ „geisseln" (z. B. Ja'qb. II, 452, 1) zu stellen ist. — Das hb. נִבֵּן „höckerig" vergleicht sich mit ar. جَبْلَة „Höcker" Lebîd 59, 1 (gegen das schol.). — Das aram. und späthebr. ממון „Geld" hat noch keine befriedigende Etymologie gefunden²).

---

¹) Möglich, dass die nordsemitische Form der Wurzel auch im Arab. in كَلَالَة „Verwandte, Sippe" Ham. 531, 2 erhalten, also im Arab. Spaltung eingetreten wäre.

²) Weder aus מטמון (Ges. thes. 552), noch aus aram. מעמון (עמן = ضمن, Lagarde, Uebersicht 185) kann es erklärt werden, schon weil der Ausfall der ersten Radicale gegen die Lautgesetze verstossen würde.

Ist es zu gewagt, es vermuthungsweise mit مَال „Vermögen" zu verbinden: מָ־מוֹן = مَال + مَا؟[1]).

§ 20. ל und ר wechseln zunächst mehrfach neben Sibilanten. Es sei nur an das schon bekannte Verhältniss von חֲלָצַיִם „Hüften" = mand. האלצא zu targ. חרצין, syr. ḥaṣṣē[2]) (mit Assimilation) erinnert. — Dem hb. und aram. שלח „schicken = assyr. šalû (Delitzsch, Prolegg. 34. 182) entspricht kein arabischer Stamm mit ل, wohl aber ein سرح und سرّح „er sandte weg" z. B. einen Boten, Vieh auf die Weide (Ġ u. And., Qor. 16, 6). Selbst den specifischen Gebrauch vom Wegschicken der Frau durch Scheidung theilt das Hebr. mit dem Arab., vgl. z. B. Jer. 3, 1 וְשִׁלַּח אִישׁ אֶת אִשְׁתּוֹ mit dem arab. سُراح „dimissio uxoris" und أَسَرِّحْكُنَّ Qor. 33, 28[3]).

Das einsame hbr. צָרַעַת „Aussatz" schliesst sich so an das aeth. ᎧᎯᎣ „Aussatz" an. — Das hebr. צרם „das Ohrläppchen abkneipen" Miš. B. qam. 8, 6, Talm. Bekh. 34a, B. qam. 98a u. ö. trifft in der Bedeutung mit صَلَم „verstümmelte das Ohr" so genau zusammen, dass es mit ihm auch zu identificiren ist, während صرم nur „trennen, abschneiden" im Allgemeinen bedeutet. — Hbr. צְלָצַל, wohl eine Heuschreckenart Dt. 28, 42, wird mit ṣoржо, übersetzt, das ihm gewiss etymologisch entspricht.

Nicht neben Sibilanten findet sich dieser Wechsel in פרח „sich ausbreiten" vom Aussatz, zu welchem das gleichbedeutende aeth. ፈልሐ Ex. 9, 9, Lev. 13, 12 zu stellen ist. Der Stamm bedeutet im Aeth. sonst noch „sich erhitzen, erglühen".

Das hb. חַבּוּרָה „Wunde" ermangelt jeder Etymologie im Hebr. und den andern Dialecten; der Versuch, es mit حُبْرَة „gestreifte

---

[1]) Selbstverständlich könnte dann مَال nicht aus ل + مَا entstanden sein.

[2]) Nöldeke, mand. Gr. S. 54.

[3]) Demnach kann سِلَاح „Waffe" = שֶׁלַח nicht zu diesem Stamm gehören und als „missile" gedeutet werden. Das wäre auch an sich schon sehr unwahrscheinlich, weil es ganz allgemein ist und auch Schwert, Bogen und Keule bezeichnet.

Kleider" zu verbinden und als „Strieme" zu deuten (Ges. lex.) hat wenig Einleuchtendes. Das Targ. hat nun in entsprechender Bedeutung חבל „verwunden" Lev. 19, 28; 21, 5 mit dem Nomen חיבול „Verwundung" (das.), und auch in der Mišna kommt, gewiss vom Aram. her, der Stamm nicht selten vor (z. B. B. qam. 8, 1. 3. 4, Schebu. 7, 1. 3 u. s.); das hbr. חבורה ist daneben sowohl im Targ. als Mišna. vertreten, ja es ist in der Miš. die einzige Form des zu חבל gehörigen Nomens. Ich vermuthe daher, dass das aram. חבל und das hbr. חבר dieselbe Wurzel für „verwunden" darstellen, dass das aram. ל dem hebr. ר entspricht. Da im bibl. Hebr. das Verb nicht vorkam, so gebraucht die Miš. das aram. Verbum, während sie als Nomen das biblisch vorkommende חבורה übernahm. Die aram. Form mit ל ist die ursprünglichere; denn auch das Arab. stimmt mit ihr zusammen: خَبَلَ يَدَ فلانٍ „er verletzte die Hand von X", خَبَلٌ „Verstümmelunng von Händen und Füssen" u.s.w.[1])

Hb. גֶּרֶם „nagte ab" (Knochen), auch aram. (Targ. zu Ps. 27, 2) ist = جَلَمَ الجَزُورَ „he took the flesh, that was on the bones of the slaughtered camel (Ln nach G), während جرم „abschneiden" (Wolle vom Schaf, Datteln) bedeutet.

Das ar. إبل „Kamele" bin ich geneigt zum hbr. אַבִּיר zu stellen, welches „starkes, mächtiges Thier" bezeichnet, sowohl mächtige Stiere (öfter), als Rosse (mehrfach bei Jerem.), dann auf Menschen übertragen „Oberster (der Hirten)" 1 Sm. 21, 8, „Machthaber" (אביר יעקב u. A.), אַבִּירֵי לֵב „Männer starken, trotzigen Muths". Das hebr. Wort hat also offenbar die Bedeutung „Starkes, Mächtiges" und dient dann ohne Weiteres als Bezeichnung gewisser starker, mächtiger Thiere. Dass für den Araber dieses mächtige Thier zunächst das Kamel ist, ist sehr natürlich. Der

---

[1]) Dagegen das aram. חיבוליא „Zins" = syr. ܚܘܒܠܐ „Schuld, Verpflichtung, Zins" und wohl auch das hb. חֲבֹל „Pfand" eigtl. „Verpflichtung" gehört zu أَخْبَلَ „darleihen", اِسْتَخْبَلَ „borgen", s. Beide Zoh. 14, 34. — Ein wieder anderes חבל in רוּחִי חֻבָּלָה Hi. 17, 1 „mein Geist ist verwirrt" entspricht dem ar. خَبَلَ „verdrehte den Verstand" Ḥansâ 59, 2, Lebîd Hub. n. 40, 1, Kâmil 416, 11 u. s.

Stamm lautet nun zwar im Arab. mit *l*. Aber auch im Assyr. findet sich dieselbe Form des Nomens *ibili* von grossen Thieren, die etwas wie das hebr. אַבִּיר „Stiere" oder dgl. bezeichnen müssen. Sanherib erzählt im Tayl.-Cyl. VI, 54 f., er habe beim Aufbau eines neuen Palastes Räume (Ställe) hergerichtet *ana paqâdi murnizki pari agalli i-bi-li* „zur Aufnahme von Rossen, Maulthieren, Rindern (Kälbern?) und *ibili*. Dass in Assyrien mit Letzterem nicht von Kamelen die Rede sein kann, ist selbstverständlich. Wohl aber passt eine der Thierbedeutungen des hbr. אַבִּירִים, etwa „Stiere", hierhin, und es dürfte durch die Identität eines Worts von dieser Bedeutung mit dem arab. ابل auch diejenige des letzteren mit dem hbr. אַבִּיר wahrscheinlich werden.

Hb. חיל „beben, sich ängstigen", zu welchem Delitzsch das assyr. *ḫâlu, iḫîlu* „beben, zittern" gestellt hat (Proleg. 191), wird zum ar. خَار, يَخَار „bestürzt sein" (auch „zittern" von der Thräne Ham. 549, 1, Mas. VII, 387, 6) gehören[1]). — Hb. שמר „schützen, hüten" ist schon Nominalbildung S. 175—6 zu ثمل „schützen", ثمال „Schützer, Hort" gestellt worden[2]).

§ 21. ר—נ. Der sporadische Wechsel von נ und ר im Inlaut ist durch bekannte Fälle wie اثنان، شَنَاْي = شְנַיִם „zwei"; — זרח „strahlen" = نرج „gelbroth sein" (Nöldeke ZDMG 40, 728) vgl. mit aram. דנח schon belegt[3]); ebenso durch נֶרֶם „Regen" = aeth.

---

[1]) Zu ass. *ḫ* = خ vgl. S. 3 u. s.

[2]) Prof. Nöldeke machte mich darauf aufmerksam, dass auch ein Stamm سمر „durchwachen" durch سَمَارٌ، لَيْلَة „wachende = durchwachte Nacht" Zoh. bei Nöldeke, delect. 108, Z. 5 bewiesen ist; zu diesem gehört אַשְׁמוּרָה „Nachtwache". Dass dagegen der Stamm, der „hüten, schützen" bedeutet, ein שׁ = ܠ = ث hat, beweist שְׁמוּרוֹת עֵינַי = ثمحن „Schützer = Wimpern der Augen". Es sind also im Hebr. zwei verschiedene Stämme in שמר zusammengefallen.

[3]) Auch die Identität von בֵּן = ابن mit aram. בַּר, und von בַּת = ابنة, بنت mit aram. בְּרָתָא ist trotz der aram. Plurale בָּנִין, בְּנִין wohl nicht anzufechten.

ܗܣܩ, mit welchem das assyr. *zunnu* „Regen" (= *zunmu* mit regressiver Assimilation) schon von Schrader KAT² 126 u. A. verglichen worden ist¹). — So verlokend es demnach scheinen könnte, so wird man doch das ar. سَنِخ „stinkend" nicht zu mišn. סרוח „stinkend" ('Ab. 3, 1; Ter. 3, 1 u. A.), אסרח „stinken machen" J. Targ. Ex. 5, 21, talm. הסריח „stinkend werden" (Ber. 60a, Sanh. 91b u. o., Kohut VI, 135) stellen dürfen. Denn das Arab. hat neben einander صَنْخَة „Gestank", سَنِخ und زَنِخ „stinkend", die wohl einerlei Ursprungs sind, und deren Sibilant vermuthlich nur durch Einfluss der Liquida wandelbar geworden ist. Nun stimmt mit der ersten dieser drei Formen das hbr. צַחֲנָה „Gestank" Joel 2, 20 = syr. ܨܰܚܢܳܐ zusammen, das gleichfalls נ hat; daher kann nicht zu derselben Sippe auch hb. סרח gehören.

Dagegen entsprechen sich das hbr. צְנֻמוֹת „dürre, fruchtlose (Aehren)" Gen. 41, 23 nebst talm. פת צנומה „verdorrtes, vertrocknetes Brod" b. Ber. 39a und das ar. ضَمَرَت الحنطة „der Weizen ist verdorrt und trocken", انضمر „verdorrte" von e. Zweig, ضامر „saftlos, verdorrt" von Zweigen, Halmen, s. Lane [bekanntlich auch „dünn, mager" v. Menschen]. Hier ist noch die Metathese der beiden letzten Radicale hinzugetreten; aber die volle Gleichheit in der Bedeutung weist beide Wurzeln zusammen.

Dem hb. נטש „fahren lassen" entspricht so im Targ. רטש, z. B. Ex. 23, 11, 1 Sm. 17, 28, Jer. 12, 7 u. ö.

Das mišn. מרזב „Wasserrinne" (am Dach), talm. מרויבא (s. Levy NhW III, 246—7) scheint mir zum ar. مِذْنَب „Wasserrinne im Boden" 'Alq. 1, 19, Lebîd Hub. n. 47, 27, (auch ذِناب, ذَنابة) zu gehören²). Demnach müsste das aram. Aequivalent ein ד gehabt haben. Im Aram. selbst ist es nicht überliefert; aber die

---

¹) Vgl. dagegen Delitzsch, Proleg. 73.

²) Die Bedeutung „Rinne im Boden" verhält sich zu der einer künstlich hergestellten Rinne wie in تَلْعَة „Rinnsal" vgl. mit תְּעָלָה „Kanal".

arabischen, offenbar entlehnten, Nomina أَرْدَبّ, أَرَبَّة[1]) dürften von einem solchen aram. Wort ausgegangen sein. Nun wird im Syr. freilich von Glossatoren ein ܡܪܘܒܐ bezeugt (s. Fränkel a. a. O.) = talm. מרויבא. Allein schon die Nominalform mit erhaltenem ē oder ī der zweiten offenen Silbe bei starkem Stamm ist eine durchaus unaramäische und steht ohne jede Analogie da. Da ferner das ר in den genannten arab. Formen nach der Lautverschiebung nur aram. Ursprungs sein kann, so würde im Aram. dasselbe Nomen sowohl mit ר als mit ו existirt haben, was ausgeschlossen ist. Das syr.-talm. מרויבא mit seinem fremden Nominalbau ist wahrscheinlich herübergenommen aus einer Sprache, die nach der Lautverschiebung ו hatte, hier wohl aus dem Assyrisch-Babyl., der classischen Heimath des Kanalbaus. Das assyr. Original ist mir freilich nicht bekannt.

§ 22. Anhangsweise möchte ich noch einige Uebergänge von ד in ל berühren. Das Vorkommen solcher ist gesichert durch aeth. ፍሬ = hb. נֶכֶד „Geschlecht" gegenüber ar. نَجْل (schon von Dillm. lex. 695 verglichen), sowie durch aeth. ቀኅለ „gegen .. hin" = hb. נֶגֶד (Dillm. 685). Im ersten Fall hat das Aeth. das d gegenüber ar. l, im zweiten das l gegenüber hb. d. Beide Male ist ein g benachbart. — Dasselbe Verhältniss vermuthe ich auch zwischen aeth. አድግ „Esel" und ar. عِلْج „Wildesel" (Ǵ, JHiš. 804, 8 u. s.), zu dem jenes gehören wird.

Vor dem Lippennasal m ist der gleiche Wechsel in dem Fremdwort اقليميا = καδμεία, im Persischen bei der Aufnahme von ἀδάμας ܐܘܡܣ als الماس belegt[2]). In gleicher Position ist nun auch bei einem semitischen Stamm dieser Uebergang erfolgt in נֶעְלָם „entzogen sein", הִתְעַלֵּם „sich entziehen", das zu ar. عدم „fehlen, entgehen" gehört; das ar. ما يَعْدَمُني هذا الأمر „diese Sache entgeht mir nicht" entspricht ganz dem hb. הִתְעַלֵּם von Personen. — Sollte nicht auch die aeth. Präposition ኀበ „bei" zum ar. لَبَّى in der

---
[1]) Vgl. Fränkel, Aram. Fremdw. 24, dessen Beurtheilung dieser Wörter ich aber nicht theile.
[2]) Nöldeke, Persische Studien II, 44. — Vgl. S. Fränkel ZA III, 56.

uralten Phrase لَبَّيْكَ („bei, zu Dir" =) „Dir zu Diensten, zu Befehl"¹) zu stellen sein, wobei wieder ein Labial im Spiel ist?

---

¹) S. Wellhausen, Skizzen III, 108.

Zischlaute.

Bei den Sibilanten kommen durch Einwirkung benachbarter Laute mannigfache Kreuzungen des normalen Lautwandels vor. Von diesen hat die in § 23 zu besprechende bisher m. W. keine Beachtung gefunden, während die in § 24 ff behandelten bisher schon an anderen Erscheinungen belegt sind.

§ 23. שׁ = ش. — Die regelmässige Lautverschiebung: Hebr. und aram. שׁ = arab. س = aeth. ሠ = assyr. *š* ist bekannt. Indessen ist sie nicht so ausnahmslos durchgreifend, wie man gewöhnlich annimmt; vielmehr erscheint in der Nachbarschaft von Gaumen- und von Hauchlauten gewiss durch Einwirkung derselben in einer Reihe von Fällen hebr. (-aram.[1]) שׁ = arab. ش, so dass das gewöhnliche Verhältniss gekreuzt wird.

A) *Bei Gaumenlauten.* Das hebr. תְּשׁוּקָה „Begierde, Sehnen" (3 Mal), überall in geschlechtlichem Sinn, entspricht dem bekannten ar. شَوْق „Sehnen" und seinem Stamm, der in genau derselben Bedeutung gebraucht wird[2]. — Ebenso ist رَشَق „schleuderte Pfeile" u. dgl. Belâḏ. 189, 8 v. u., Tab. II, 337, 8, JAth. IV, 56, 15, wovon رِشْق „geworfene Pfeile" Lebîd Hub. no. 39, 71 = syr. ܐܶܫܰܕ, „jaculatus est", ܫܶܡܳܐ; „jaculatio", Cardahi, Lobâb II, 498; Cast. 878.

Hb. נָשַׁק „küsste" = syr. ܢܫܩ, assyr. *iššiq* hat schon Lagarde[3] m. E. mit Recht zu نَشَق „an etw. riechen" gestellt. Die Be-

---
[1]) Die aramäischen Aequivalente fehlen leider öfter.
[2]) Syr. ܫܶܡ ist „athmen", ܫܶܡܳܐ „Athmung". Wenn daher auch vereinzelt einmal ܘܢܰܦܫܳܐ ܫܶܡܳܐ „Athem der Seele" für „Begehren" (PSm. 2582) vorkommt, so hat das mit unserem Stamm Nichts zu thun, sondern ist eine Metapher, wie sie auch bei أَنْفَسَ „machte begierig" von نَفْس aus, bei bb. רוח אפינו Klgl. 4, 20 u. A. m. erscheint.
[3]) Novae psalt. graeci edit. spec. p. 24 f.

deutung des arab. Stamms ist sonst noch: نَشِقَ الماء "er zog das Wasser durch die Nase mit dem Athem ein"; daher مَنْشَقٌ Organ hierfür = „Nase"; نَشِقَ "Einer, der so fest an etw. hängt, dass er nicht mehr loslässt". Dass aus der ar. Bedeutung „Einschlürfen des Odems, des Wassers" in den nordsemit. Sprachen der Begriff des „Küssens" hervorgegangen ist, ist analog der Wandlung in dem arab. شَمَّ "riechen", welches im Aeth. als ሰአመ, ሰዐመ „küssen" bedeutet[1]) (so auch das arab. Wort selbst = „küssen" Ham 253, 1?).

Hb. גָּרַשׁ (auch auf dem Meša-Stein) „vertreiben", das kein nach der Lautverschiebung entsprechendes Aequivalent hat, dürfte zu ar. جَشَرَ gehören „hinausschicken das Vieh auf die Weide, damit es am Abend nicht heimkehre"; auch intrans. جَشَمَ الرجل "the man journeyed away" (A bei Ln)[2]); مُجَشَّمٌ "dauernd weggetrieben"(d. Vieh); جَشَرَ "weggereist" von d. Familie oder Frau, z. B. zur Herde auf der Trift Achtal 106, 3. — Von der Grundbedeutung „herausgehen" entwickelte sich sowohl im Arab. wie im Hebr. جَشَرَ "olera veris" (بقول الربيع) = גֶּרֶשׁ יְרָחִים Dt. 33, 14 „Früchte der einzelnen Monate"; vgl. مخّ "hervorwachsen" mit יצא. — Daher auch جَشَرَ الصبح „der Morgen brach hervor" JHiš. 49, 6, wie יצא השמש (auch im Assyr.).

Hierher würde auch أَشْجَعُ „wahnsinnig, von einem Teufel besessen" مُشَجَّعٌ "im höchsten Grad wahnsinnig" vgl. mit hebr. שִׁגָּעוֹן מְשֻׁגָּע gehören, jenes von al-Leith bei TA, dieses vom

---

[1]) Das lautliche Verhältniss der beiden letzten wie in hb. קדר „Knie beugen" zu syr. ܡܟ. Da man syr. ܡܟܘܣܘܣ act. mrt. I, 247, 2 sagen konnte, so entspricht auch das ar. قعد "sitzen". Vgl. sonst noch mit א in der Mitte نَأَمَ = نَمَّ; نَأَبَ = نَبَّ ZDMG 41, 627 Anm. 1.

[2]) Da im Hebr. beim Verb finit. nur Piel vorliegt (wozu als Partcp. נְגֹרָשָׁה), so ist nicht zu entscheiden, ob das Qal einst die transitive oder die intrans. Bedeutung des arab. جَشَرَ gehabt hat.

Qam. überliefert, s. Lane s. v., wenn sie als ursprünglich arabisch anzuerkennen wären. Aber abgesehen davon, dass al-Azharî das erstere bestreitet, fällt bei beiden gegen ihre Echtheit in's Gewicht, dass der ganze Stamm ausser diesen beiden Formen keine entsprechende Bedeutung darbietet [1]).

B) *Neben Gutturalen* ist die übliche Verschiebung unterblieben in aram. רִחְשָׁא = syr. ܪܰܚܫܳܐ „Reptil, Gewürm", das = arab. رَاشِحٌ „Reptil" (Qam., TA bei Ln) ist [2]). Zu dem arab. Stamm vgl. auch رَاشِحٌ „junges Thier, das von s. Mutter eben erst ans Gehen gewöhnt wurde" (s. Ln) ihr gewissermassen nachkriecht, Lebîd 86, 3 (gegen das Schol.); auch vom matt, langsam fliessenden, gleichsam kriechenden, Bächlein im Gegensatz zum reissenden Strom Achṭal 60, 2.

Hb. נָחָשׁ „Schlange" hat arab. حَنَشٌ neben sich [3]), noch jetzt *ḥana's* „Otter" im aegypt. Dialect, Spitta S. 90 Z. 4. Dass eins von Beiden Fremdwort wäre, ist durch die verschiedene Aufeinanderfolge der Radicale ausgeschlossen [4]). — חָשַׁשׁ „Heu, trockenes

---

[1]) Beiläufig halte ich auch arab. نقش „ausreissen, jäten" — gegen Fränkel 194, der es für echt arabisch erklärt — für eine Zwillingsform zu نكش = miš. נכש und demgemäss für ein Fremdwort wie نكش (das. S. 137).

[2]) Seltsam, dass daneben حَشَرَاتٌ (Ǧ, Mṣb. u. A.) und als dritte Form أَحْرَاشٌ (Ln 575 nach Asmâ'î) vorkommt, in keiner von den drei Formen aber die Gestalt רחש des Stammes, die das Aram. allein hat.

[3]) Auch von Lagarde, Uebersicht 50 M. verglichen.

[4]) Mit diesem hebr. Wort hat das hb. נָחַשׁ „etw. erforschen, erkunden" Gen. 30, 27, 1 K. 20, 33, namentl. auch „etw. durch geheimnissvolle Mittel, wie Becherbeschauen Gen. 44, 5. 15 oder andere Mittel Lev. 19, 26, Dt. 18, 10 u. s. erkunden" Nichts zu thun. Denn ihm entspricht ar. تَنَحَّسْتُ الاخبارَ (عن الاخبارِ) „ich ergründete genau die Nachrichten (offen oder heimlich), forschte nach etw."; ebenso die X. Conjg. (Ǧ). Zu diesem gehört auch syr. ܢܶܚܫܳܐ „Wahrsagerei" ܢܚܶܫ „wahrsagen". Die gemeinsemitsche Bedeutung. „erforschen, ergründen", die im Hebr. mehrfach noch ohne jede specifische Färbung sich erhalten hat, ist auf das geheimnissvolle Treiben von Zeichendeutern angewandt worden.

Gras" ist = ar. حَشِيش (Ges. lex.), dessen Stamm im Arab. gut fundirt ist: „trocken, saftlos sein" von der Hand, Pflanze, „vertrocknen" von dem zu lange ausgetragenen Embryo. — Das neben יַלְדוּת stehende שַׁחֲרוּת „Jugend" Qoh. 11, 10 stellt sich zu ar. شَرْخُ الشَّبَاب „Jüngling"; شَرْخ „Jünglinge" Kâmil 496, 17; شَارِخ „frühe Zeit der Jugend" 'Alqama 2, 10, Kâmil 497, 1, Mas'ûdî VII, 169, 2.

So findet auch hebr. שַׁלְהֶבֶת „Flamme" (Hiob, Ez., HL) = syr. ܫܠܗܒܝܬܐ, ܡܫܠܗܒܬܐ (auch im Targ. in versch. Formen) seine Erklärung durch das ar. شِهَاب „Flamme". Die übliche Ableitung aus einem Šaphel des Stamms להב scheitert an dem doppelten Umstand, dass das Hebr. eine solche Conjugation nicht hat, und dass es äusserst unwahrscheinlich und gegen alle Analogie wäre, dass die Bezeichnung eines elementaren, primitiven Dings wie die Flamme durch das Derivat des abgeleiteten causativen Stamms erfolgt sei. Andererseits spricht die blose Nebeneinanderstellung von שַׁלְהֶבֶת und شِهَاب mit ihrer völlig gleichen Bedeutung für ihre ursprüngliche Identität[1]). — Hingegen darf שחז „ein Messer wetzen" (öfter in der Miš.) = شَحَذ nicht hierhergezogen werden; denn das ש wurde hier im Hebr. durch Dissimilation wegen des folgenden ז gehalten wie in שׁוֹר = ثَور u. A.

C) Da in einer Reihe von Fällen bei gleichmässigen lautlichen Einwirkungen die normale Verschiebung aufgehoben ist, wird man dies auch da anerkennen müssen, wo vorerst die Ursache der

---

[1]) Die Einschaltung der Liquida zwischen den Zischlaut und Guttural ist wie im targ. צלהב „brennen" vgl. mit صَيْهَب „Siedehitze". Das hbr. צָהֹב „goldgelb" wird im Trg. J. Lev. 13, 20. 32 geradezu mit מצלהב übersetzt. — Hebr. שַׁלְאֲנָן neben שַׁאֲנָן; שַׂרְעַפִּים „Gedanken" 2 Mal neben שְׂעִפִּים; — syr. ܡܫܘܚܬܐ „Zweige" Kal. w. D. 57, 15, Book of the bee 5 M., wozu auch סַרְעַפּוֹת Ez. 31, 15 gehört, gegenüber dem gewöhnlichen סָעִיף. סְעַפָּה. — Vgl. sonst Fälle wie خَنِث „nackt" vgl. m. عَطِل = ܫܡܚܠܟܐ חמט u. A.

Kreuzung noch nicht klar ist, in hbr. שָׁבִיב (st. cstr.) „Flamme" Hi. 18, 5, vielleicht einem Aramaismus, = שְׁבִיבִין „Funken" Dan. 3, 22; 7, 9, auch syrisch, welchem im Arab. kein سَبّ, wohl aber شَبّ „entzündet sein", auch „entzünden" entspricht (schon Ges. lex.). Dies Letztere ist ein gut altarabischer Stamm; vgl. Imrlq. 52, 20, Hud. 227, 4, Agh. ed. Koseg. 100, Z. 8 v. u.; شَبُوب „Zündstoff" (G, Qam.)

Wie hier eine ב benachbart ist, so auch in تَمَصّ, jüd.-aram. נישבא „Netz", das dem ar. نَشِب „haften", أَنْشَب „im Netze finden" gegenübersteht. Hier hat schon Fränkel, Aram. Fremdw. zweifelnd eine Ausnahme von der Lautverschiebungsregel angenommen. — Unter denselben lautlichen Verhältnissen tritt im Syr. ܟܒܫܐ „Bock" gegenüber ar. كَبْش = hb. כֶּבֶשׂ auf. Doch vermuthet Nöldeke (Fränkel, Ar. Frmdw. 109) wegen der Seltenheit des syr. Worts, dass es Fremdwort aus dem Arab. sei.

§ 24. ז—ס. Ein ז erscheint mehrfach secundär als Erweichung aus ursprünglichem ס, ar. س, aeth. ሰ durch den Einfluss einer Media oder eines n. So durch die benachbarte Media b im Aeth. in ሐንበ „schlug" gegenüber dem hb. שָׁבַט, syr. ܡܚܨܐ, ferner in ኀሐበ „meinte", welches neben ኀሰበ = ar. حسب, hb., syr. חשׁב hergeht[1]. — Auch in ህዝነ = hb. שגע „im Geist verwirrt sein" wird die Media נ die Erweichung bewirkt haben.

Aehnliche Fälle im Arab. sind die Parallelformen شَاسِب „dünn, mager" von Thieren Lebîd 139, 1 Châl., Huṭ. 1, 24, und شَازِب Ṭar. 5, 59, JHiš. 179, 6 (so lies). Bei Huṭ. 1, 24 schwanken sogar beide Lesarten in der Ueberlieferung. — So steht ferner زَبَل „trug" (TA) dem hb. סבל, syr. ܣܒܠ gegenüber; s. Nöldeke,

---

[1]) Nicht hierher gehört dagegen aeth. ህንፀት „fragmentum" ዐህንፀ „Ruine", welches neben ሰበረ = ثَبَر = שבר „zerbrechen" steht. Denn in jenem ersten liegt thatsächlich eine andere Wurzel vor, wie das entsprechende ar. هُزْء „Abschnitt, Stück" z. B. Eisen (Hamad. 53, 11, Mas. VII, 105, 4) beweist; s. auch Dillmann 1049.

ZDMG 40, 729; auch das Assyr. hat hier *zabâlu*, Delitzsch, Proleg. 62. — Schon oben S. 26 ist زِبْر, زَبُور (einmal auch نِبْر überliefert), ein vermuthlich jemenisches Fremdwort im Arabischen, zu dem hbr.-syr. ספר „schreiben" gestellt worden; die benachbarte Media erklärt auch hier die Erweichung der Sibilans.

Im Hebr. verhält sich aus gleicher Ursache so בזה, בז „verachten" zum syr. ܨܡܐ; — im Syr. ܫܪܛ zum bibl.-aram. חסן „Thon"¹) (mit welchem Dillmann 1265 auch das aeth. ሐጽን verglichen hat), wie denn auch das ז im syr. مَزَج „Wein mischen" und ܡܙܓ gegenüber dem hb. מָסַךְ von dem folgendem ג bedingt ist.

In gleicher Weise erweichend wirkt die Liquida *n* im ar. نزع = ܢܣܐ „aus-, wegreissen", welches Nöldeke zu hb. נסע gestellt hat, ZDMG 40, 723. — Im Aeth. vertritt das räthselhafte ነገረ „er zählte" vielleicht ebenso ein ursprüngliches ነሰረ und ist dann mit syr. ܬܢܐ „erzählte", ar. ثَنَى, hb. שנה „lehrte" (nachbiblisch oft, s. Kohut, Pl. 'Ar. VIII, 113) einerlei Ursprungs²). — So erklärt sich auch خَزَن „speicherte auf", مَخْزَن „Magazin" gegenüber dem gewiss identischen hb. חסן „ansammeln", חֹסֶן „Schatz", aram. חסן „in Besitz nehmen".

§ 25. צ—ז. Auch das emphatische צ = ص konnte durch Einfluss von Liquidae in ז = ز abgeschwächt werden. Das ist der Fall bei hb. נצה „streiten" מצה „Streit" = syr. ܢܨܐ, ܡܨܘܬܐ gegenüber ar. نَزَّ „erregte Streit (بين), hetzte auf", mit welchem ein lautlich verstärktes نَزَغ wechselt (Qor., Tab. III, 104, 12, JAth. III, 182, 5 u. ö.). — Ebenso stelle ich das aram. und spätbhr. נֶזֶק „Schaden" הִזִּיק „schädigen" (oft) zum ar. نَقَص; vgl. نَقَصْتُهُ حَقَّهُ „ich habe ihn in seinem Rechte geschädigt"; ..دخل عليه نقص في „er hat Schaden genommen an .."; نُقْصَان ist s. v. a. נֶזֶק

---

¹) Ueber ܫܪܛ s. § 25 Ende.
²) S. Praetorius in Delitzsch-Haupt's BAVS I, 38.

„Schaden, Verlust"[1]). — Das aram. ܓܠܝܠ = צְלִיל (j. Targ.) „rein" von Wasser, Wein = talm. צָלִיל Sabb. 109a, 139b ist zu dem ar. ماءٌ زُلالٌ Lebîd 120, 3, JHiš. 148, 8 zu stellen. Wenn die arab. Lexicographen betreffs der Bedeutung schwanken zwischen „kalt" oder „süss" oder „klar, rein" (s. Ln), so entscheidet das Aram. für das Letztgenannte [2]). — So vermuthe ich auch, dass das hb. אלץ (Pi) „bedrängen" = aram. אחי dem ar. أَزَلَ „brachte in Bedrängniss" entspricht; أَزِلٌ „eng" Ham. 333, 1 ist = أَكْمَى, und ebenso deckt sich أَزِلٌ „Bedrängniss durch Hungersnoth" Imrlq. 46, 11, Zoh. 14, 18, Nöld. del. 49, 15 mit أَحْزَنَا, das neben anderen Bedrängnissen auch Hungersnoth Aphr. 196, 13 u. s. bezeichnet. — Auch der Wechsel von עליץ ,עלם und עלו „frohlocken" erklärt sich durch die Liquida.

Eine gleiche Einwirkung des *r* liegt wohl vor in وَزَرَ „trug" وِزْرٌ „Last", das mit aeth. ጸዐነ „trug" ጾር „Last" zusammengehören wird.

Der Einfluss der Media, der sonst hier seltener zu wirken scheint, dürfte die Abweichung des syr. ܘܙܒ von ar. und aeth. صدق = hb. צדק bewirkt haben. — Bei زَادٌ = וְסֹד „Reisevorrath" gegenüber hb. צֵידָה hingegen spricht die Uebereinstimmung des Aram. und Arab. eher für die Ursprünglichkeit des ז, so dass wir für den Wandel des Zischlauts keine Ursache kennen. S. Fränkel, Fremdw. 1.

Im Aeth., wo ጸ und ኀ ganz gewöhnlich in einander übergehen, konnte darum auch das erstere durch Einwirkung einer Liquida gelegentlich zu ሕ werden, wie im aeth. ነዝሐ, welches dem ar. نَضَحَ, نَضَخَ „sprengen" und hb. נִצְחָם „ihr Saft (Blut)" Jes. 63, 3. 6 gegenübersteht [3]).

Bekanntlich kann auch umgekehrt ein ursprüngliches ז durch

---

[1]) Möglich ist auch, dass das ז das ursprüngliche und im Arab. durch Einwirkung das ק zu ص gesteigert worden ist.

[2]) Arab. ماءٌ صَلَالٌ bedeutet im Gegensatz dazu „stinkendes Wasser".

[3]) Ob so auch hb. פָּז „Gold" und ar. فِضَّة zusammengehören? Vgl. *warq*, das im Aeth. „Gold", im Arab. „Silber" bezeichnet.

den Einfluss eines benachbarten ק zu ע gesteigert werden. Ein solcher Fall ist عِذْقٌ, خِمْعٌ „Zweig, Stiel" zu welchem, aeth. ዐጽቅ (Dillmann 1019), mišn. עוּקְץ „Stiel einer Pflanze" ('Uqṣin 1, 6; Sanh. 5, 2 u. ö.) gestellt werden muss. — Ebenso entspricht ar. زُقَاقٌ „Strasse" dem aeth. ስቴኣ.

Vermuthlich hat im Aram. auch das emphatische خ einige Male diese Wirkung gehabt. So in صوط „Thongefäss" gegenüber den Formen mit ס und ז (s. oben S. 51), sowie in صوخ „hochmüthig, unverschämt sein", das ich geneigt bin zu ar. زخف „sich brüsten, ruhmredig sein" zu stellen. — So wird auch das isolirte syr. ܫܚܶܡ „schmähte" ܫܘܚܳܡܳܐ „Beschimpfung" dem ar. أَخْزَى „beschimpfte, beschämte" entsprechen.

§ 26. ס—צ. Der Wechsel von ס und צ liegt deutlich vor in aeth. ጸልዕ, ar. صَلْع, صُلَّع „Fels" = hb. סֶלַע (Dillm. 1262). Auch in ar. خَلَس „rauben = syr. ܣܟܝ, hb. חֲלִיצָה „Beute" ist er unverkennbar. In beiden Fällen kann das l die Abschwächung bewirkt, doch könnte im letzteren auch umgekehrt das خ die Verstärkung des ס zu צ veranlasst haben; hiermit liesse sich dann auch der Wechsel von صِماخ „Ohrmuschel" 'Aus b. Haǵr 12,19, Ham. 668, 2 und سِماخ erklären. — Das aeth. አስፈወ „Hoffnung machen" ist schon von Dillmann 407 als Causativ zu צָפָה „hoffen" gestellt. — Ob dagegen سَفْح الجبل „Fuss des Berges" (Hamad. 48, 9 u. s.) und صَفْح الجبل eine rein lautliche Variante darstellen oder von verschiedenen Seiten her zu derselben Bedeutung gekommen sind, muss ich offen lassen.

§ 27. ס—שׂ. Die zwei einander nahe stehenden Laute ס und שׂ, die für die Etymologie streng zu trennen sind, sind bekanntlich im Arab., Aeth. und Syr. in der Schrift zusammengefallen; hingegen werden sie in der hebr. wie in der altaramäischen Schrift noch unterschieden. Dass vereinzelt einmal auch im Hebr. ס für שׂ auftritt, ist ebenfalls bekannt. Im B. Hiob erscheint stets כעס statt des sonst überall vorkommenden כעס; — סָבְךָ bei Jes. (zweimal) wechselt mit שְׂבָךְ bei Micha, welches durch شِبَاك gehalten wird; — מְשֻׂכָה „Geflecht" Mi. 7, 4 steht neben dem öfteren Stamm שׂוּךְ und מְשׂוּכָה die mit شَوْك stimmen¹); — סָמִים kommt neben שַׂמִּים, נִסְחָה vereinzelt neben dem gewöhnlichen נָשָׂא vor; סְתָיו „Winter" vgl. m. شِتَاء HL 2, 11 ist wohl als Aramaismus anzusprechen (vgl. auch das ָ statt וֹ)²). — Diese kleinen Schwankungen der Schreibung spiegeln eine allmälige Annäherung beider Laute aneinander wider, welche in einzelnen Fällen zur Vertauschung beider führte. Es ist daher nicht verwunderlich, wenn in einigen Wurzeln die beiden Laute durchgehends einer für den anderen eingetreten sind.

So tritt ס statt eines שׂ durchweg auf in dem Stamm חמס „bedrücken, Gewalt anthun", dem nirgends ein ש-Stamm entspricht. Ich stelle es zu aeth. ኀመሰ „Gewalt anthun, Böses zufügen" ኀሙስ „bösartig, ungerecht", auch = ἀδικία (s. Dillm. 81). Dessen ሠ ist gesichert durch ar. خَشَم „einen mit Worten kränken, beschämt und bestürzt machen", s. die IV. Conj. Mas. VII, 23, 2. Das Hebr. hat zwar gewöhnlich die aeth. Bedeutungsfärbung: „thatsächliche Gewalt" anthun; aber auch die arabische: „Verbalinjurien zufügen" fehlt ihm nicht, vgl. עֵד חָמָס; יִפְתַּח חָמָם; — „der Mund der Frevler bedeckt d. i. schliesst ein חָמָס" Spr. 10, 6. 11.

יְסֹד „Fundament" hat von' vornherein die Präsumtion für sich, dem assyr. *išdu*, dem gewöhnlichen Wort für „Basis, Fundament eines Gebäudes" zu entsprechen und ist mit Recht von Halévy mit diesem identificirt worden³). Ist dem aber so, so muss das hebr. Wort ursprünglich ein שׂ = ass. *š* statt ס gehabt haben

---

¹) S. Gesenius lex. s. v. ס.
²) S. auch Guidi, della sede .. 11.
³) Lotz, Tigl. Pil. 186, Delitzsch, hebr. lang. 31, Proleg. 46 wollen zwar *išdu* mit hbr. אֶשֶׁר, אֲשֵׁרָה verbinden; aber dem widerstreitet schon die Erwägung, dass dieses, wenn es „Fundament, Basis" bedeutete, nicht bei Gebäuden stets vermieden und nur bei Flüssen und Bergen verwendet würde. Die nachweisliche Bedeutung von nordsem. אשׁר ist „ergiessen", und auf die analoge Wandlung des ar. سَفْح „Berglehne" aus سَفَح „vergiessen" hat schon Ges. lex. (10) hingewiesen. — Dass dasselbe Ideogramm, welches V R 29, 59b = *išdu* ist, unmittelbar vorher = *a-si-du* gesetzt wird, beweist kein

und im Arab. muss ein ش entsprechen. Dazu stimmt nun vortrefflich der arab. Stamm شَيَّدَ, شَادَ „ein Gebäude aufrichten, aufbauen" A'šâ bei Jâq. IV, 888, 17; JHiš 48, 1; Dinaw. 389, 12 u. s.[1]). Die ursprüngliche Bedeutung „ein Gebäude fundiren" ist in „es aufrichten, aufbauen" übergegangen, wie dieser Wandel bei dem entsprechenden hbr. יָסַד ebenfalls reichlich belegbar ist: Ps. 89, 12; 102, 26; 104, 5; Jes. 15, 5; 48, 13; 51, 16; Hi. 38, 4 u. s.

In gleicher Weise, vermuthe ich, hat auch das etymologisch räthselhafte יִסַּר „unterwies, belehrte" (urspr. וסר, s. Niphal), im Niphal „liess sich belehren", מוּסָר in der Weisheitsliteratur „Unterweisung, guter Rath" (in Proverbien oft parallel mit חכמה und תוכחת s. auch Jer. 2, 30; 7, 28; 17, 23) sein arab. Aequivalent an أَشَارَ „gab einen Rath", شُورَى „Rath", sowie مَشْوَرَةٌ, das = מוּסָר ist, im Beduinendialekt von Syrien شْوَر „Rath" ZDMG 22, 74 M. Der Fall gleicht dem von יסר == شار sowohl in der Metathesis des wurzelhaften w aus dem An- in den Inlaut, als auch in der Vertretung des ش durch ס neben diesem Spiranten. Im Hebr. ist die Bedeutung in relativ selteneren Fällen im Piel auch in „strafend zurechtweisen" (Lev. 26, 28; Ps. 6, 2 u. s.) übergegangen. Die nämliche secundäre Bedeutungsentwicklung findet sich bei הוֹכִיחַ Ps. 105, 14, Hi. 33, 19 תּוֹכֵחָה, Hos. 5, 9; Ps. 149, 7, obgleich dieser Stamm ebenfalls weit überwiegend nur „Belehrung, Unterweisung ertheilen" bedeutet und dies gewiss auch die ursprüngliche Bedeutug ist. — Sonst entspricht noch so: רסס „sprengen"

---

assyr. *asidu* „Fundament", so lange dies in keiner der zahllosen Bauinschriften zu belegen ist, um so weniger als dasselbe Ideogramm an der gleichen Stelle auch für ganz andere Begriffe, z. B. *bamâtu*, *emûqu*, *aṡuridu* gesetzt wird.

[1]) Es ist daher zu trennen von شَيَّدَ „vergipsen, verkalken", dem Denominativ von شِيدٌ, Tarafa 4, 22; Nâbg. 7, 16, beide Male mit dem Zusatz بِقَرْمِد. — Der deutliche Gebrauch aber des andern Stamms شاد „hochaufrichten, fest begründen" (شَيَّدَ الْأَرْكَانَ Dinaw. l. l.), 1001 N. II, 13 M. (Bûl. 1251), شَادَ لِى مَنْصِبًا Kâmil 249, 17 schliesst eine Denomination von شِيدٌ „Kalk", an die Fränkel, Fremdw. 8 denken wollte, entschieden aus.

Ez. 46, 14, רְסִיסִים „Tropfen" HL 5, 2 dem ar. رَشَّ „sprengen (Ges. lex.), رَشَاش „Tropfen"; — עֵץ הַמְסִים Jes. 64, 1 „dürres Reisig" dem synonymen ar. عُودُ الْهَشِيمَة Ham. 663, 7; 531, 4 u. ö.; — סְעִיף (st. cstr.) „Kluft" dem ar. شَعْبَة[1]).

§ 28. Ebenso ist aber in vereinzelten Fällen auch שׁ statt ursprünglichen ס eingetreten. Vgl. z. B. שָׂפַק „klatschen" Hi. 27, 23 für das sonstige סָפַק, welches durch ar. صفق „klatschen" (ص durch das q) als ursprünglich erwiesen wird. — Ueber den Stamm ארשׂ „sich angeloben", welcher dem ar. عرس gegenübersteht, also ein ס haben müsste, vgl. oben S. 16.

Dasselbe gilt von dem hbr. עָשָׂה „thun" = aeth. ONP „einem anthun, entrichten, geben", sab. עשׂי, dessen arab. Acquivalent noch nicht erkannt ist. Es ist سَعَى „thun, handeln", ein alter auch im Qoran beliebter Stamm. Vgl. das bekannte نيس لِلْاِنْسَانِ اِلَّا مَا سَعَى Qor. 53, 40 „dem Menschen wird nur das (heimgezahlt), was er ausgeübt hat"; — سَعْي „Thun, Handeln" (= عَمَل Baid) Qor. 21, 94; 88, 9; 92, 4; Lebid Hub. no. 41, 11; 42, 6; Hut. 1, 13. 17; Ham. 659, 4; 665, 8; 698, 1; — مَسْعَاة = מַעֲשֶׂה „Thun" Ham. 111 unt., 701, 5; Hut. 9, 18; JHiš. 421, 2; 529, 12. Auch hier hat also das Hebr. שׂ, wo die Lautverschiebung ein ס erwarten liesse.

Auch der Stamm שׂדר „aneinanderreihen", der in שְׁדֵרָה „Reihe" 1 K. 6, 9 u. s. vorliegt[2]), hat ursprünglich ein ס besessen, wie die Uebereinstimmung des Assyr. und Arab. beweist. Das Assyr., welches den Stamm sadâru, isdir „in Reih' und Glied stellen" häufig verwendet, schreibt si-id-ru stets mit ס (z. B. Tayl.-Cyl. II, 77). Im Arab. gehört aber zu ihm سَرْد „an einander-

---

[1]) Hingegen שְׂעִיפִּים „aufgeregte Gedanken" Hi. 4, 13; 20, 2 ist wohl neben شَغَفَ بِشَيْ ‎„he became disquieted or disturbed by the thing" (Ln) zu stellen, z. B. شَغَفَتْ فُؤَادَهَا Imrlq. p. 21, 16 (Slane) u. A. m.

²) Nur Hi. 10, 22 סְדָרִים mit ס.

reihen"; z. B. مُتَتَابِعٌ مُتَتَسَرِّدٌ „aneinandergereiht", v. Edelsteinen Nâbiġa 7, 25; سَرْدُ النَّسَبِ „die Reihe des Geschlechtsregisters" JHiš. 3 oben ist = סדר הדורות; — سَرْدٌ „aufeinanderfolgende Monate" Baiḍ. I, 325, 28.

Ebenso enthält das Vulgär-Arab. ein حَسَّكَ „etwas zurückhalten, aufbewahren für die Zeit des Bedarfs" Dozy I, 286, Muḥiṭ s. v., Wahrmund I, 511, welches mit dem hb. חָשַׂךְ - syr. ܚܣܟ identisch ist und im Hebr. ein ס erwarten liesse.

Varia.

§ 29. Hierunter tragen wir diejenigen Wörter und Stämme nach, für welche sich im Vorangegangenen keine geeignete Stelle gefunden hat. Bemerkungen über einige Partikeln mögen voranstehen.

אוּלַי „vielleicht"¹) muss zu dem syr. ܠܘܐܝ „wenn doch" gestellt werden; nur ist im Hebr. das ו vor das ל getreten. Die Vorsetzung eines א im Hebr. entspricht dem ה im dem jüd.-aram. Aequivalent des syr. *lewaj*: הלואי (jer. Targg., Midrr.), das also dem hebr. Wort am nächsten kommt. Das א kann im Hebr. nicht zum Schutz des wortbeginnenden ו vorgetreten sein, weil im jüd.-Aram. das ו nicht am Wortbeginn steht und gleichwohl ה vor sich hat. Im Arab. ist vielleicht das لَيْتَ in (لَيْتَ) „wenn doch" verwandt. — Das hb. לְ = syr. *ܠ in ܐܠܘ = ar. لَوْ ist von obigen Wörtern zunächst zu trennen.

In der phön. Inschrift Sid. 3, 4 findet sich zweimal ein räthselhaftes אדל in der Verbindung כאי ארלן כסף אי אדלן חרץ וכל מנם, in welchem man nach dem Zusammenhang die Bedeutung „bei"

---

¹) Von Gesen. Gram. § 150, lex. s. v. als אוֹ + לִי (=לְי=לֹא) „oder nicht" sehr unbefriedigend gedeutet. Ewald Lehrb.³ S. 805—6 zieht es zu ar. لَعَلَّ.

²) Die Endung تَ dann wie in ثَمَّتَ, ثَمَّتَ.

suchen muss¹), während ן Suffix ist. Ich möchte es vermuthungsweise zu dem arab. لَدْ, لَدُنْ, نَدَى „penes, bei" stellen, welches im Phön. neben Metathese der 2 ersten Radicale ein Alif prostheticum vorgesetzt haben würde.

Das Verhältniss des aeth. ኤም፡ und einiger verwandter Partikeln zu den semit. Aequivalenten bedarf einer kurzen Besprechung. Während ein arabisches Alifu'l Waṣli weder im Arab. noch im Hebr. jemals mit einem Hamza = א zusammenfällt²), ist es im Aeth. und Aram. mit dem א mehrfach zusammengewachsen; vgl. die aeth. Verbalpräfixe ኤንተ mit arab. اَنْتَ, — ኤ፤ (z. B. in 'angargara) mit dem ar. اِي, — das syr. اِي mit arab. ذِي. So vertritt nun auch das aeth. ኤም፡ „von" lautlich nicht ein مِنْ, sondern ein اِمَنْ; d. h. das Aeth. hat hier allein eine mit Alifu'l Waṣli vermehrte Form. Es wiederholt sich auch hier, dass dieser Vorsatz gerne gerade vor biliteralen Wörtchen mit i-Vocal eintritt³). — In den zwei vereinzelten Fällen, wo im Hebr. ein solcher Vorschlag eingetreten ist, ist er beide Male ה, nicht א; vgl. הִגָּקְטֵל mit הִתְקַטֵּל mit dem Präfix اِنْتَقَتَلْ. Das gibt uns die Möglichkeit auch das räthselhafte häufige mišn. und talm. הֵימֶנּוּ, הֵימֶנָּה „von ihm, ihr", welches das gewöhnliche Mišna-Wort statt des bibl. מִמֶּנָה, מִמֶּנּוּ ist, zu erklären; es entspricht jener aeth. Form 'emna mit vorgetretenem Alifu'l Waṣli. — Im jer. Aramäisch erscheint mehrfach הֵימָךְ u. s. w. „von dir" (s. Kohut III, 201) ohne נ am Schlusse. Dieses vergleicht sich dann ebenso mit dem aeth. ኤም „von".

Das aeth. ኤምH „inde, hierauf" entspricht so dem ar. مُذْ; hier hat auch das Arab. eine Präposition מ „von" ohne schliessendes ן;

---

¹) Vgl. CJS 3,6 das entsprechende כאי שם בנמנם. Daher wollte auch in unserer Sid. 3 J. Dérenbourg אדלן = אצלן setzen (Revue des ét. Juives XV, 112), was freilich sprachlich nicht angeht.

²) Diese nothwendige Beschränkung auf die genannten beiden Sprachen vgl. ZDMG 44, 681.

³) Vgl. Eingehenderes hierüber in einem demnächst in ZDMG erscheinenden Artikel.

eine dem مُنْذُ entsprechende Form hat das Aeth. nicht gebildet. Aus der rein adverbiellen Bedeutung des aeth. *'emzĕ* erklärt sich auch allein die übliche Construction des arab. مُذْ mit folgendem Nominativ; z. B. مُذْ يَوْمانِ eigtl. „seither (sind es) 2 Tage" u. s. w. (s. Wright II, § 61).

Dagegen glaube ich nicht, dass das እ im aeth. እስመ „denn" ein rein lautlicher Vorschlag ist. Denn sowohl das entsprechende mišn. על שום, משום „wegen", als das assyr. *aš-šum*, *aš-šu* (Delitzsch, ass. Gr. § 82) weisen hier noch besondere Präpositionen vor dem שום auf, wenn dies Causalpartikel sein soll. Es wird daher auch im Aeth. jene Präpos. እን (= ass. *ina*) vorgesetzt sein, die auch in *'en-za* „indem" vorliegt. Sonst wäre es unbegreiflich, dass das Subst. ስም „Name" ohne Vorschlag, die daraus entstandene Partikel aber mit einem solchen erschiene.

Das Pronominalpräfix *j* der 3. Pers. Jmpf. = „er" hat weder unter den selbständigen noch unter den suffigirten Pronominibus der 3. Person ein lautliches Aequivalent und ist bisher nicht aufgehellt[1]). Seine Vertreter sind indessen in einigen demonstrativen Elementen wiederzufinden, welche nur in Compositionen vorliegen. Das arab. أَيَّا, أَيْنَ „was für einer, eine?" = aeth. አይ = talm. יה „welcher"[2]) = ass. *a-a-u* „qui" *a-ia-um(-ma)* „aliquis"[3]) ist zusammengesetzt aus einem Demonstrativ ي etwa = „dieser" und der Fragepartikel أَي[4]) entsprechend der Zusammensetzung des synonymen syr. ܐܰܝܢܳܐ „welcher?" aus *aj + (d̆e)nâ* „wer dieser"? ܐܰܝܡܳܐ „welche"? = *aj + dâ* „welche diese"?— Im Syr. entspricht diesem Demonstrativ *j*

---

[1]) Dass man es nicht mit dem Suffix *i*, *ja* der ersten Person oder dem zweiten Element von هِيَ „sie" mit Philippi in Delitzsch-Haupt's Beiträgen II, 570 Anm. ** verbinden kann, halte ich für selbstverständlich.

[2]) Sehr oft in der Verbindung הי מינייהו „welcher von ihnen" (z. B. B. meş. 8b), aber auch alleinstehend, z. B. Šabb. 9b u. s.

[3]) Delitzsch, Ass. Gr. 7*.

[4]) Z. B. in أَيْنَ, אֵי־כָה, אֵי־פֹה u. s. w. Im Aram. dafür dialectisch יה, z. B. bibl. היך, talm. היאך „wie"?

das *jū* in ܗܘܿܝܘ "er ist, der.." welches geradezu die Antwort auf das fragende arab. اَيُّ bildet. — Im Aeth. liegt es vor in dem demonstrativen *jĕ* von ይእዜ "(in) dieser Zeit, jetzt"[1]), der Antwort auf das fragende ማእዜ "(in) welcher Zeit?" — In örtlicher Anwendung erscheint es in der Frageform אַיֵּה "wo?" das aus אַי+יֵה "wo..da" zusammengesetzt ist[2]) und in dem *ja* der Antwortform im Aeth. ሀP und ሁP "hier"[3]), Letzteres identisch mit mišn.-talm. הִי "hier" (הִי לָךְ "hier hast Du" oft, z. B. Miš. B. meṣ. 10, 5). — Endlich wird auch das aeth. ዓዲ "noch jetzt, noch dazu" aus *ād* "noch" und *je* "da, jetzt" (wie in *je-'ezê*) zusammengesetzt sein. Durch diese Fälle ist die Existenz eines demonstrativen *j.* in persönlicher, zeitlicher und örtlicher Anwendung gesichert.

אוֹרוֹת in der Verbindung טַל אוֹרוֹת Jes. 26,19 als eine Art des Tau's, durch welchen die Todten belebt werden sollen[4]), wird mit أَرْى = النَّدَى يقع على الشجر "Feuchtigkeit, Tau, der auf die Bäume fällt", أَرْى الجَنُوب "Regen des Südwinds" Zoh. 1, 4 zusammengehören. Die Verbindung wie מְטַר גֶּשֶׁם und עָב מְטָרוֹת גֶּשֶׁם H. 37,6.

אוּמָּנוּת findet sich Miš. B. bath. 9, 4 in einem von dem gewöhnlichen Sprachgebrauch ("Handwerk, Kunstfertigkeit") abweichenden Sinn: האחים שנפל אחד מהם לאומנות "Brüder, deren Einer zum Dienst des Königs genommen worden ist". Wir haben hier ein Fremdwort aus dem Assyr.-Babylonischen, wo *ummâni* sowie *ummanâti* (oft) "Truppen, Heer" bedeutet.

Das assyr. *ṣin-niš* "Weibliches", sehr häufig in der Verbindung *zikru u ṣin-niš* "Männliches und Weibliches" hat noch keine Etymologie gefunden, und auch die Qualität des *s*, ob *z*, *s* oder *ṣ*, ist an

---

[1]) Das Aeth. setzt das *j*-Demonstrativ voran, im Aram. ist an dasselbe Nomen das Demonstrativ ן hinten angesetzt in אֱדַיִן "alsdann".

[2]) Es entspricht dem ما von أَسْمَا, dem نْ von أَيْنَ, dem פֹּה von אֵיפֹה.

[3]) Dies Element in *hĕja*, *zĕja* schon von Philippi, ZDMG 29, 172 erkannt. Das örtliche Demonstrativ *hĕ* von *hĕja* ist gleich dem *hŭ*, *he* im ar. هُنا = hbr. הֵנָּה "hier".

[4]) Weder "Tau der Pflanzen" gibt eine passende Begründung des Hauptsatzes, noch ist "Tau der Lichter" passend.

dem betreffenden Silbenzeichen an sich nicht bestimmbar (s. Schrader, KAT² 576). Es ist zu dem aeth. ዕጕርት „sie war schwanger" zu stellen und bedeutet wohl „Kindertragende".

Dem hb. חֵיק „Busen" entspricht im Arab. kein Nomen med. *j* oder *w*, sondern حَقْو „Taille, Flanke" und im Aeth. das entsprechende ሐቅ „Lende", aber auch „Busen", Letzteres schon von Dillmann, lex. 98 verglichen. Das K'th. חוק Ps. 74, 11 steht den südsemit. Formen näher als das allgemein übliche חיק.

חֵפֶץ „Gegenstand, Ding, Sache", (ohne dass der Begriff „Werth", oder „Wohlgefallen" irgendwie damit verbunden wäre) ist in der Miš. nicht selten. Vgl. schon im Qoh. 3, 1; 5, 6; einige andere Stellen der Bibel sind zweifelhaft. Zum Miš.-Gebrauch s. Levy NhW II, 94. Nun ist es zwar nicht ausgeschlossen, dass ein Derivat von חפץ „wollen" (das = حفظ, سعى ist) zu der abgeblassten Bdtg. „Ding, Sache" gekommen sei, wie صه, von صا, und شيء von شاء. Aber möglich ist es auch, an ar. حَفَض „Geräthschaft" Mu. 'Amr. b. Kulth. 41 die man beim Wegziehen auf das Kamel lädt, zu denken, nach welcher dann auch das Lastkamel selbst genannt werden kann Mfḍḍl. 27, 3, Ru'ba bei Ġ u. d. W.

Das hb. נכסף „sich schämen" Zeph. 2, 1 (daneben Qal und Niph. „sich härmen, sehnen") = aram. כסף „sich schämen" (Targ., Talm.) wird von Ges. lex. [10] nach Fleischer mit كسف „spalten" verbunden. Die entsprechende intransitive Bedeutung findet sich jedoch auch im Arab. in كاسف الوجه „gedrückten Aussehens" Ġ, vgl. Agh. III, 188, 4; dazu noch كاسف البال „in gedrückten Verhältnissen" Agh. V, 148, 10 v. u., so dass ein gemeinsemit. intransitiver Stamm anzusetzen ist.

Zwei ganz verschiedene Wurzeln sind jetzt im hbr. לאה zusammengewachsen. Neben dem bekannten לאה „müde sein" = لا, لأى geht ein zweites לאה her, welches bedeutet „nicht vermögen, nicht können" und welches im Arab. als ألا فى الأمر „er war nicht zureichend in e. Sache, konnte sie nicht voll ausführen" (= قَصَرَ) Qor. 3, 114, Ham. 271, 3, JHiš. 259 M. von obigem لِي "war müde" auch in der Form deutlich verschieden ist. Dies zweite עָל = לָאָה "nicht im Stande sein" liegt vor, wenn es in Exod. 7, 18 heisst ונלאו מצרים לשתות מים מן היאור, während beim Eintreffen des Ereignisses ולא יכלו מצרים לשתות (vs. 21) steht; ferner Gen. 19, 11 וילאו למצוא הפתח "sie waren nicht im Stande.."; — Jer. 6,9 "des Zornes Gottes bin ich voll נלאיתי הכיל ich vermag nicht ihn in mir zu fassen"; — 15, 6 "ich vernichtete Dich, נלאיתי הנחם ich vermochte nicht, mich eines Andern zu besinnen". Noch an einigen anderen Stellen: Jes. 1, 14, 47, 13 (נִלְאֵיתִ Gegensatz zu אוּלַי תוּכְלִי vs. 12), Spr. 26, 15 liegt diese Wurzel vor. Die bisherige Fassung aller obigen Stellen als "sich abmühen" was = "sich vergeblich abmühen" sein soll, trägt den Begriff "vergeblich" willkürlich in den anderen Stamm hinein und ist angesichts der zweierlei Stämme im Arabischen und der Parallele Ex. 7, 18. 21 als falsch aufzugeben.

Hb. לבט, nur 3 Mal im Niphal (Prov. 10, 8. 10; Hoš. 4, 14) etwa in der Bedeutung "in's Elend, Verderben fallen" vorkommend, erklärt sich durch das samarit. לבט, das für hb. עָנָה "peinigte, quälte" steht, z. B. Gen. 15, 13; 34, 2; Ex. 1, 11. 12 u. ö., לוּכְטִי "mein Elend" Gen. 31, 2.

Mit aram. מְעָזֵי¹) wird im Targ. das hebr. עִזִּים da übersetzt, wo es "Ziegenhaare, Ziegenfell bedeutet. In dem aram. Wort darf man aber nicht mit Levy TW II, 56 ein mit dem hb. עֵז, syr. ܐܙܐ = ar. عَنْز verwandtes Wort sehen; es entspricht vielmehr dem ar. مَاعِز "Ziege" und "Ziegenfell", aeth. ሰጕን "Haut, Fell", dessen ñ zufolge dem Aram. und Arab. ursprünglich ein ñ gewesen sein muss. Die Bedeutung "(Ziegen)-Fell" (Targ., Aeth., Arab.) ist wohl ursprünglicher, als die nur im Arab. daneben bestehende: "Ziege". Das י ִ im Aram. ist Afformativ.

Nicht ganz klar steht es um das arab. Aequivalent von מַעַל "Treulosigkeit", מָעַל "treulos sein". Ganz genau entspricht in der

---

¹) Die Vocalisation schwankt zwischen מְעָזֵי und מָעֳזֵי (s. auch Levy a. a. O.); ja auch מָעֳזֵי bietet die Ed. Sabbion. zu Ex. 26, 7, Num. 31, 20.

Bdtg. مَغَالَةٌ „Betrug" in der Verbdg. مَغَالَةٌ وَخِيَانَةٌ Lebîd 28,3 Ch., Kâmil 523, 5. Dieses Nomen wird von den Lexicographen (G, Zamahs·, Asâs s. v., Schol. Lebîd) auf مَغَلَ „verläumdete, schwärzte an" zurückgeführt, das also = מָעַל sein müsste. Nun bildet aber auch غَالَ „fügte Böses zu" ein N. verbi مَغَالَةٌ = غَائِلَةٌ (G) und in dem eben erwähnten Vers Kâmil 523, 5 steht es thatsächlich bei diesem Verb:

ولقد غالنى يزيد وكانت فى يزيد خيانة ومغاله

Die genaue Entsprechung des hebr. Stammes, sowie die Auffassung der Lexicographen befürworten einen selbständigen Stamm مغل „treulos sein" neben غَالَ, مَغَالَةٌ; dieser Dichter aber leitet gerade das Nomen für „Treulosigkeit" von غَالَ her.

Merkwürdig verhält es sich mit derjenigen hbr. Wurzel, aus der hb. מָשָׂא „Ausspruch, Verkündigung" (oft), לֹא תִשָּׂא „Du sollst nicht aussprechen.." Ex. 20, 7, Dt. 5, 11, vgl. ferner Ex. 23,1, Jes. 3, 7 u. A. stammen. Diese Wurzel bedeutet ohne jeden weiteren Zusatz „aussprechen" und kann daher m. E. von dem bekannten aeth. አውሥአ „redete, hub an zu sprechen, antworten" (auch „sang" s. Dillm. 895) nicht getrennt werden. Die Auskunft, wonach man es im Hebr. mit נשא „erheben" verbindet und ein selbstverständliches Object קוֹל hinzudenkt[1]), ist da unmöglich, wo ein anderes directes Object folgt, wie שֵׁם נָשָׂא Ex. 20,7, שֵׁמַע תִשָּׂא לֹא 23, 1, oder bei einer Verbindung wie מָשָׂא דְבַר ה'. — Eine Verbindung wie יִשָּׂא בַיוֹם הַהוּא לֵאמֹר Jes. 3, 7 von dem aeth. *jânaše'u wajeblu* Dt. 27, 14 u. ö. trennen zu wollen, wäre eine unberechtigte Gewaltsamkeit. Wenn im Aeth. נשא „tragen, erheben" und ושא „anheben zu sprechen" zwei verschiedene Stamme sind[2]), so gehören

---

[1]) Eine Verbindung wie וַיִּשָּׂא אֶת קוֹלוֹ Gen. 27, 38 u. s. kommt im Hebr. ebenso vor, wie aeth. *'anše'a qâla*. Die Construction ist aber dann eine ganz andere wie in den obigen Fällen mit Object des Gesprochenen. Für die Verbindung נָשָׂא אֶת קוֹלוֹ lässt sich als Parallele رفعتُ له باسمي „ich nannte ihm meinen Namen" Ham. 751, 4 anführen.

[2]) Praetorius in Delitzsch-Haupt's Beiträgen I, 37 will umgekehrt aeth. *waše'a* und *naše'a* nur als parallele Formen derselben Wurzel „erhob" ansehen. Ich kann ihm darin nicht beitreten; denn sowohl das aeth. *'awše'a* als

auch im Hebr. נשׁא „erheben" und jene Wurzel für „aussprechen" als ursprünglich verschieden auseinander. Das Hebr. hat in der Wurzel für „aussprechen" fast stets contrahirte Formen, aus denen der erste Radical nicht ersichtlich ist: מָשָׂא, יִשָּׂא, תִּשָּׂא; nur an sechs Stellen (von denen vier zusammengehören) kommt ein Perf. נָשָׂא vor, einmal das Particip נֹשֵׂא Am. 5, 1. Es ist mir daher wahrscheinlich, dass hbr. מָשָׂא, תִּשָּׂא, יִשָּׂא von einem Stamm ושׁא = aeth. *waseʾa* abgeleitet sind[1]), und dass erst aus diesen contrahirten Formen das Hebr. wieder נשׁא zurückgebildet und dann im Sprachbewusstsein wohl auch mit נשׂא „erheben" verbunden hat; vgl. die Wortspiele Jer. 23, 33 ff.

סְגֻלָּה „Eigenthum" = assyr. *sugullatu* zählt Delitzsch Prolegg. 34 unter den Wörtern auf, welche eine nähere lexicalische Verwandschaft des Hebr. mit dem Aram. als mit dem Arabischen belegen sollen. Indessen auch das Arab. hat سَجْل „Antheil" Zoh. 14, 20 (s. schol.).

Im Phönicischen findet sich zweimal ein sonst unbekannter Stamm סכר, der etwa „nennen, erwähnen" bedeutet; CIS 7, 6 מצבת סכר בחים; 116, 1 לכני לי לסכר ושׁם נעם. Sein Aequivalent findet sich im Assyr. Vgl. Aššurnaṣirpal 1, 5: *si-kir*[2]) *šaptišu* „das Wort seiner Lippen" entsprechend dem *kibit pišu* „Befehl seines Mundes" Z. 4. Auf die Parallelen Tigl. Pil. I Col. I, 31. 44, VI, 61: *ina si-kir Samsi* (Bili, Adar) „auf Befehl S.'s" u. s. w. hat Peiser, (der irrig *si-gir* liest) Keilschr. Bibl. I, S. 53 Anm. hingewiesen. Da das Assyr. den Stamm זכר daneben besitzt (z. B. in zi-ki-ir sumi „Nennung des Namens"), so ist die schon an sich kaum mögliche Identität beider Stämme ausgeschlossen.

עַד „Ewigkeit" in לְעוֹלָם וָעֶד, הַרְרֵי עַד, עֲדֵי עַד u. A. wird, so viel ich weiss, allgemein von einer Wurzel mit עַד „bis", das zu عدا gehört, abgeleitet; s. Ges. thes. 991; lex. s. v. Es ist indessen von ihm wurzelhaft verschieden; denn es gehört gewiss zu

---

[1]) dasjenige hbr. נשׂא, welches zum Object דָּבָר, שֵׁמַע u. s. w. hat, bedeuten nur „aussprechen". Wenn dieser Verschiedenheit der Bedeutung von dem נשׂא „tragen" im Aeth. auch eine Verschiedenheit in der Form der Wurzel (פ"י) entspricht, so hat das die Präsumtion der Ursprünglichkeit für sich.

¹) Das Dageš wie וַיְשֻׁרֶנָּה, אֶסֳרֵם, יִצַּח von פ"י-Stämmen; s. Gesen. § 71.

²) So überall mit ס, nicht ז, geschrieben.

ar. غَدٌ „morgen", auch „spätere Zukunft; vgl. غَدًا „dereinst" Ja'qb. II, 102, 7; غَدْوُنَ „später" Lebîd 22, 2; فى غد „dereinst, im Jenseits" JHiš. 773, 5 v. u., Jqd. III, 30, 5.

Arab. عَادِيَة „trächtige Kamelin" ist von 'Asma'i Kit. al-Wuḥûš 8, 1 bezeugt und dort mit einem Vers des Huṭai'a belegt. Weder hat Ǵauh. diese Bedeutung, noch scheint sie sonst in den Originallexicis überliefert zu werden. Die Bedeutung ist aber gesichert durch aram. עריאה, welches in den Targg. regelmässig für hbr. ותהר steht.

Ein unerklärtes hbr. עליל findet sich Miš. Rôš haš. 1, 5. Es heisst dort vom Neumond, man müsse auf ihn hin den neuen Monat heiligen בין שנראה בעליל בין שאינו נראה בעליל, was nach der traditionellen Erklärung bedeutet: „sei es dass der Mond hoch am Himmel oder nicht hoch am H. (sondern am Himmelsrand) gesehen worden sei". Das Wort ist schon dem b. Talmud nicht mehr aus der lebendigen Sprache bekannt, da er es aus dem בעליל לארץ Ps. 12, 7 erklärt. Es entspricht aber dem samarit. עלאל „Himmel" Dt. 1, 28 u. s.

Hb. und bibl. aram. צד „Seite" = targ.-syr. ܨܰܕ gehört zu صَدَد „Nähe", auch Adj. „nahe" Ahṭal 169, 1, Kâmil 454, 15; بِصَدَدِهِ „in seiner Nähe" Hud. 103 Einl. Z. 7.

Von dem hbr. הריח „roch" ist ein anderes gleichlautendes הֵרִיחַ mit der Bdtg. „hat Wohlgefallen an etw." zu trennen. Vgl. Am. 5, 21: ולא אריח בעצרותיכם; Jes. 11, 3: והריחו ביראת ה׳. In gleicher Weise geht im Arab. neben رَائِحَة „Geruch", رَاحَ „roch" ein رَاحَ „empfand Freude an etw." her; vgl. JHiš 123, 3, Achṭal 160, 1; أَرْيَحِيَّة „freudige Erregtheit" Kâmil 108, 6; 631, 2. Dass diese Wurzel mit jener, die „riechen" bedeutet, gleich sei, ist sehr unwahrscheinlich; die eine mag z. B. med. w, die andere med. j gewesen sein oder dgl.

Das hb. שָׂדֶה „Feld" bedeutet im Assyr. als šadû: „Berg". Derartige Wandlungen von entsprechenden Worten nach den Verhältnissen des jeweiligen Landes, sind nicht selten; vgl. מִדְבָּר „Trift" und „Wüste" mit dem aeth. ደብር „Berg", sowie ܠܗܰܘ „Berg", welches daneben im Syropaläst. auch „Feld, ἀγρός" (Nöldeke ZDMG 22, 518) bedeutet. Immerhin ist aber zu bemerken, dass im Deboralied auch für das Hebr. in den Worten עַל מְרוֹמֵי שָׂדֶה Ri. 5, 18 „Berg" als uralte Bedeutung erscheint.

Zu den Wurzeln, welche in einer Sprache med. w, in einer anderen med. h sind, wie בוש = ܒܗܶܬ, بَهَتَ (s. Ges. lex. s. v. ה, ZDMG 40, 626) gehört auch hb. שָׁהָה „verweilen" (oft in d. Miš., vgl. Kohut VIII, 37) = syr. ܫܗܳܐ „zögern", auch transit. „aufhalten", Ethpa. „zögern", ܫܘܽܚܳܝܳܐ „Zögerung" (oft) gegenüber dem bekannten ar. ثَوَى „verweilte, hielt sich längere Zeit auf". Belege für Letzteres anzuführen ist überflüssig.

Das Hebr. besitzt eine Wurzel שׁוה, deren Piel שִׁוָּה „machte, legte, stellte hin" bedeutet; z. B. Ps. 21, 6 הוֹד וְהָדָר תְּשַׁוֶּה עָלָיו; Ps. 89, 20 שִׁוִּיתִי עֵזֶר עַל גִּבּוֹר; Hos. 10, 1 פְּרִי יְשַׁוֶּה לּוֹ; ferner Ps. 16, 8 שִׁוִּיתִי ה׳ לְנֶגְדִּי תָמִיד. Ihm entspricht das aram. שַׁוִּי „legte", sowie das vulg.-arabische سَوَّيْتُ الشيءَ „ich habe d. S. gemacht", كيف أَسَوِّي „wie soll ich thun" (Muḥ.) und das schon im Qoran 87, 2 vorkommende (الَّذِي خَلَقَ و)سَوَّى = „gemacht hat". Mit سوى = שוה „gleich sein" hat diese Wurzel keinen erkennbaren Zusammenhang; das Piel ist vielmehr Causativ eines Grundstamms, der etwa „sein" bedeutet haben muss; zu einem solchen passt auch das qoranische اِسْتَوَى اِلَى السَّمَاءِ „hingehen" zu . . (urspr. „werden" wie الى صار), sowie das vulgäre اِسْتَوَى فُلانٌ لِي خَصْمًا „X ist mir ein Gegner geworden" (Muḥ.). Im beduinischen Arabisch ist die Wurzel auch äusserlich von سوى „gleich sein" getrennt; sie lautet in der III. Conj. وَاسَى „machte einen zu etw., bereitete zu" (ZDMG 22, 74 unt., 75, 3 und dazu Wetzstein S. 119). Das alles spricht für eine gesonderte Wurzel שוה „sein". Zu dieser könnte vielleicht das hb. תּוּשִׁיָּה „Bestehendes, Dauerndes", auch

„Heilsames" u. s. w. gehören, falls beim Nomen das ו an den Anfang gerückt ist wie bei תועבה s. S. 11 u. A. Auch שַׁי „Gabe", in der Bedeutung zum Piel gehörend (= „Gesetztes"), könnte aus ihm hervorgegangen sein, welch Letzteres auch schon D. H. Müller in Ges. lex. s. v. vermuthet hat. Dem Stamm kann — ich gebe dies Letztere nur als Vermuthung — das bekannte assyr. *bašû* „sein, haben" entsprechen, welchem eine Form wie das hebr. بسي zu Grunde gelegen haben müsste. Das assyr. *busû* „Habe" würde an das hb. שׁי nahe heranreichen. Assyr. פִּיס für semit. פיש lässt sich auch sonst nachweisen.

Eine sonst im Hebr. nicht vorkommende Wurzel שָׂעַר liegt wohl Dt. 32, 17 vor: „Sie opfern Dämonen, nicht Gott, Göttern, die sie nicht kennen, neuen, die erst jüngst aufgekommen, die ihre Väter noch nicht שְׂעָרוּם". Der Parallelismus mit לֹא יְדָעוּם in Glied a fordert „nicht gekannt haben". So hat auch die LXX beide Male οὐκ ᾔδεισαν, (während nach Ra. JEz u. A. die Neueren: „die nicht *gescheut* haben" von שָׂעַר „schaudern", welches sonst nirgends transitiv ist). Es ist gewiss = ar. شَعَرَ „kannte, wusste" und muss als besonderer hebr. Stamm gebucht werden.

Hb. תּוּר „ausspähen, erkunden" (ein Land, Num. 13 u. 14 öfter), auch übertr. „spähen, forschen" in der Weisheit Qoh. 1, 13; 7, 25 ist wohl = أَثَارَتْ „ich blickte scharf hin" Kâmil 140, 1, gewöhnlich أَثَارَتْهُ اليه البَصَر oder أَثَارَتْهُ بَصَرِي Kâmil 139, 17. 20.

Das mišn. תְּנַאי „Bedingung" (oft; z. B. Kidd. 3, 4; Keth. 9, 1, B. meṣ. 7, 11) mit seinem Verb התנה „e. Bedingung festsetzen" (Levy NhW IV, 654) ist zunächst identisch mit تَنِيَّة „Vertrag", auch „Bedingung" Julian.-R. 25, 14; Jos. Styl. 77, 11; Jaqob v. Sarûg ZDMG 25, 333, vs. 145 u. ö. Bei diesen beiden Formen lässt sich aber die Wurzel nicht sicher erkennen, weil es zweifelhaft ist, ob das ת zu ihr gehört oder Präformativ ist. Die Entscheidung bringt das Arabische. Es ist nämlich mit ihnen sicher das ar. تَنِيَّة, ثَنْيًا, ثَنْوَى „Ausnahme"¹) zusammenzuhalten. Vgl. schon bei

---

¹) Das mišn. ת repräsentirt also, wie oft, die aramäische Lautverschiebung.

Nâbiġa 1, 5 حَلَفْتُ يمِيناً غيرَ نى مَثْنَوِيَةٍ „ich habe einen Eid geschworen, der keine (Bedingung, Vorbehalt, d. i.) Ausnahme zulässt"; ferner JHiš. 516, 9: „Als wir (die beiden Heere) zusammentrafen لم يكن مَثْنَوِيَةٌ gab es keinen Vorbehalt oder Ausnahme, sondern nur ein Darauflosstossen"... Die definitive Ehescheidung לֹא מַתְנוּיָה פִיהָ Tab. III 660, 1; 1478, 14, „bei der es keine Ausnahme gibt", ist also genau wörtlich der Gegensatz des talm. גט עַל תְנַאי, des bedingungsweisen Scheidebriefes; s. Gittin 7, 6 u. f.

§ 30. Bekanntlich entsprechen oft einander bei derselben Wurzel in verschiedenen Sprachen verschiedene Arten schwacher Stämme. Zu diesen Erscheinungen gehören auch die folgenden bisher nicht beobachteten Fälle:

Hb. חוּשׁ und חִישׁ „eilen" (לְעֶזְרָתִי לִי, auch absolut, oft), auch im aeth. ሐወሰ in II, 1 „bewegen" ist = ar. حَثَّ; vgl. حَثُوثٌ „schnell" Huḏ. 2, 25; ebenso حَثِيثٌ. Das Verb selbst ist im Arab. jetzt nur noch transitiv „eilen machen, antreiben". — Zu dieser Wurzel gehört auch das reduplicirte حَثْحَثَ „trieb an" (Huḏ. 91, 3), „bewegte"; حَثْحَوثٌ „eilig" Huḏ. 168, 9 = syr. ܚܰܫܚܶܫ „reizte an, verlockte".

Hb. יָחוּל „es lässt sich nieder" (עַל רֹאשׁ 2 Sam. 3, 29, Jer. 23, 19; 30, 23) entspricht dem ar. حَلَّ, يَحُلُّ „lässt sich nieder", wie ja auch יָחוּשׁ „fühlt" (nur Qoh. 2, 25, vielleicht noch Hi. 20, 2) = syr. ܚܳܫ und mit dem ar. حَسَّ schon von Ges. lex. verglichen ist.

Neben יָנוּב, נָב „sprosst" muss man einen besonderen hebr. Stamm נוּב „reden" ansetzen, dessen Bedeutung man allgemein mit Unrecht aus der des Sprossens ableitet. Vgl. Prov. 10, 31 פִּי צַדִּיק יָנוּב חָכְמָה; Jes. 57, 19 נִיב שְׂפָתָיִם „Rede der Lippen". Er stellt sich neben das aeth. ነበበ „redete". Weiter verwandt ist noch נבא = נבה, woher נָבִיא „Verkündiger", נְבָא „Nachricht" und das Hiph. הִבִּיעַ „verkündigte" s. S. 16.

Hb. פוץ „sich zerstreuen" v. Menschen, Herden, häufiger im Niph. נָפוֹץ, nebst causat. הֵפִיץ „zerstreute" gehört nicht zu فاض „strömt über" (Ges. lex.)[1]), sondern zu فَضَّ (= فَرَّقَهُمْ جَمْعًا) „zerstreute eine feindliche Menge" Jaqb. II, 191, 3; Tab. I, 1426, 10; — اِنْفَضَّ wie נָפוֹץ „ward zersprengt, zerstreut" (v. e. Heer) Qor. 3, 153; 63, 7; Tab. II, 50, 12; 244, 3. Die Grundbedeutung ist „zerschlagen, in seine Theile sprengen" (= كسر); daher مِفْضَاض, مِفَضَّة e. Art Hammer, wie hbr. מֵפִיץ Spr. 25, 18; فُضَاض „zerbrochener Theil", entsprechend dem hebr. יְפֹצֵץ „zerschlägt in s. Theile" (der Hammer) Jer. 23, 29. Im Syr. entspricht daher ܦܨ „contudit" Jos. Styl. 69, 9 Wr.

So correspondirt auch syr. ܛܝܒ „vorbereiten, herrichten", ܐܬܛܝܒ „hergerichtet sein" mit ar. اِسْتَتَبَّ „bereit, hergerichtet sein" Tab. II, 196, 16, ist also von dem Stamm des syr. ܛܐܒ „sich gut befinden" = ar. طَاب verschieden.

In dieser Weise sind auch hb. עוּר „wachen" = syr. ܚܡ „wach", ܚܡ „weckte" im Arab. durch عَرَّ, vgl. تَعَارَّ مِنْ نَوْمِهِ „erwachte aus s. Schlaf" Boch. II, 45, 7 (Kair. voc. Ausg.), vertreten; dessgleichen steht dem hb. מָשַׁשׁ „betastete" = مَسّ, aeth. marsasa im Syr. der Stamm ܡܫܡܫ gegenüber.

In anderen Fällen wechseln Stämme med. gemin. mit solchen *ult w et j*[2]). Dahin möchte ich rechnen hb. חלה „krank sein", zu dem man, während ihm nirgends ein הלה entspricht, wohl تَحَلَّلَ بِهِ السَّفَرُ „die Reise machte ihn krank", he fell sick after arriving from the journey" (Lane) Tab. I, 1750, 4; 1795, 2

---

[1]) Diesem entspricht nur יָפוּצוּ Spr. 5, 16, תְּפוּצֶינָה Sach. 1, 17 „strömen über", welche aber von dem sonstigen obigen Stamm verschieden sind.

[2]) Vgl. z. B. die Stämme רבב und רבה „viel, stark sein", שרר und שרה „herrschen" שנן und שנה, ܫܢܐ „irren" u. A. m.

stellen darf. خَلَلٌ „Schwäche und Schmerz in den Beinen, deren Sehnen" u. s. w. Die Grundbedeutung ist also wohl „schwach sein".

Eine merkwürdige Spaltung dieser Art zeigt sich innerhalb des Hebr. selbst bei der Wurzel, welche „ganz sein" bedeutet. Das Thema כלל findet sich fast ausnahmslos nur beim Nomen: כֹּל, כָּלִיל, מִכְלָל, מִכְלוֹל; als Verbum erscheint es nur ganz vereinzelt in der Vrbdg. כָּלְלוּ יָפְיֵךְ Ez. 27, 4. 11, wohl durch die RA מִכְלַל יֹפִי Ps. 50, 2 bewirkt. Dagegen tritt als Verbum regelmässig dafür ein: כָּלָה „ist vollendet, fertig, ganz" Ex. 39, 32; 1 K 6, 38 (welches dann, wie unser „fertig, alle sein" und wie hb. תַם auch „zu Ende gehen" bedeutet). Das Piel כִּלָּה „vollendete" entspricht genau dem aram. שַׁכְלֵל von כלל. Auch im Assyr. scheint jene Spaltung der Wurzel wie im Hebr. zu bestehen, dort aber auch innerhalb der Nomina; denn neben *kullatu* „Gesammtheit", *ušaklilu* „ich vollendete" (oft) findet sich ebenfalls häufig *ka-lu, ka-la* (mit Suffixen) „Gesammtheit", *ka-la-ma*, welche wir auf Grund der obigen hebr. Parallelformen von einem St. כלה herleiten müssen. — Noch ein zweiter Stamm: כלה „stumpf, schwach sein", bes. auch von den Augen Hi. 11, 20; 17, 5; Klgl. 4, 17 entspricht gleichfalls einem كَلَّ „müde, schlaff sein" im Arab., كَلَّ البَصَرُ „der Blick ist stumpf, schlaff" كَلَالَةٌ „Schlaffheit" u. s. w.

Diesen Fällen möchte ich nur vermuthungsweise auch den des hb. פָּלִיל „Richter" פְּלִילָה, פְּלִילִיָּה „Entscheidung" anfügen. In der Stelle 1 Sm. 2, 25, wo von „Richtern" die Rede ist: „Sündigt Einer gegen seinen Nächsten וּפִלְלוֹ אֱלֹהִים" übersetzt das Targum: „so gehen sie vor den Richter; dieser hört ihre Worte an ויפלי ביניהון". Es verwendet also für hbr. פלל das aram. פַּלִי oder אפלי im Sinn von „er richtet, entscheidet". Auch im Arab. ist in der Bdtg. „untersuchen, erforschen" فَلَى gut bezeugt: فَلَى الأَمْرَ „er durchdachte, durchprüfte die Sache"; فَلَيْتُ القَوْمَ بِعَيْنِي „ich prüfte die Leute genau mit meinen Augen"; — فَلَيْتُ خَبَرَهُمْ „ich prüfte ihre Angelegenheit" (s. Ln u. d. W.) Vermuthlich sind sie ursprünglich wurzelverwandt mit فَلَى رَأسَه = mišn. פלה את כליו Šabb. 1, 3 „durchsuchte" (den Kopf, die Kleider nach Ungeziefer) = syr. und targ. פלא „hielt Nachlese," Targ. und Peš. zu Dt. 24, 20, eigtl. „suchte nach"; ‥ فَلَوْتُ عن „ich forschte nach" Hud. 3, 11. Nur das Hebr. hat dafür den Stamm פלל.

Von Stämmen ult. א, welche mit solchen tert. w et j wechseln (s. נצה S. 51), sei noch als ein Fall von besonderem Interesse das hb. היה „sein" angefügt. Die hbr. Form der Verbalwurzel ist fast ausnahmslos היה med. j. Ein הוה „sein"[1]) findet sich (ausser den aramaisirenden Stellen Qoh. 2, 22; 11, 3; Nehem. 6, 6) nur in הֱוֵה גְבִיר Gen. 27, 29, הֱוִי סֵתֶר Jes. 16, 4; sonst lautet das Verbum im Hbr. stets היה med. j. Ihm steht die aram. Wurzel med. w הוא, ܗܘܳܐ gegenüber (doch s. unten). Welches ist nun die ältere Gestalt der Wurzel, die hebr. oder die aram.? Das Arabische steht auf Seiten der hebr. Form und bestätigt dadurch deren höheres Alter; denn dort entspricht derselben die Wurzel قَيَا (هَاءَ, med. j) „in einem Zustand sein, bereit sein", قِيَاة „Beschaffenheit, äusserliches Sein einer Sache". Diese Wurzel verhält sich zu hb. היה „sein" genau so, wie das hb. כון, נָכוֹן „bereit sein" zu phoen., arab., aeth. כן „sein"; das ar. قَيَّ ist genau = הֵכִין; قِيَاة ist = תְּכוּנָה. — Selbst das Aram., welches die vom Hbr. und Arab. abweichende Form הֲוָא bietet, hat eine Spur jener älteren Form med. j in dem verkürzten Imperfect תֶּחוֹן, יְהוֹן, יְחִי im Targ. (Merx, chrst. trg. 189) = syr. ܢܶܗܘܶܐ, ܢܶܚܶܐ u. s. w. bewahrt. Denn während bei med. w ein solcher Ausfall des w beispiellos wäre, hat er bei dem Verb med. j سَمِي in

---

[1]) Durchaus zu trennen von √הוה „fallen, stürzen", Hi 37, 6: הֱוֵא אָרֶץ „falle zur Erde!" woher, הַוָּה und הֹוָה „Sturz"; dies ist = هَوَى „fiel". Dass הָיָה „war" mit dieser Wurzel identisch sei (Fleischer, in Delitzschs Hiob zu 6, 2), lässt sich, wie oben gezeigt werden soll, aus dem Arab. selbst widerlegen. — Ein dritter Stamm: hb. הַוָּה „Begierde" = هَوًى „Liebe" ist schon von Fleischer mit einander verglichen.

dessen Impf. חיחי ׳איחי (Merx 199; Levy TW 1, 253) = syr. نَشِّ, ܢܫܶܐ (ܢܶܐܫܶܐ) eine annähernde Analogie, obgleich die Praefixe nicht gleich behandelt werden, im letzteren Fall Vocale erhalten, im ersteren aber nicht.